CARLO VERDONE (Roma, 1950) è attore, regista, sceneggiatore. Il suo straordinario successo cinematografico ha inizio nel 1979 con il film *Un sacco bello*, prodotto da Sergio Leone e diretto dallo stesso Verdone. E da allora non si è ancora esaurito.

Tra ironia e malinconia Verdone si racconta in un flusso di ricordi tenero ed esilarante. Protagonista del libro è la casa sopra i portici paterna, crocevia di feste dannunziane e incontri con Fellini, Sordi e geni dell'avanguardia come Markopoulos. Ma anche sfondo del rapporto con genitori e fratelli, di scherzi fulminanti e tragicomiche prime esperienze sentimentali. Una finestra aperta sul "privato" inedito di un regista, attore, autore che ha ammaliato, divertito, fatto riflettere generazioni di italiani.

BOMPIANI VINTAGE

CARLO VERDONE
LA CASA SOPRA I PORTICI

A cura di Fabio Maiello

BOMPIANI

ISBN 978-88-452-7246-2

Prima edizione Bompiani: marzo 2012
Prima edizione Bompiani Vintage: ottobre 2012

www.bompiani.eu

Introduzione

Questo libro è dedicato alla mia bella casa di Lungotevere dei Vallati 2. Un grande appartamento di fine Ottocento, con un magnifico terrazzo che ha regalato i più bei colori alle nostre anime. Una casa che ha visto un'infinità di persone e storie. Una casa piena di voci, allegra, signorile, poetica. La casa dove sono nato insieme ai miei fratelli. La casa che ci ha protetti. La casa di tante gioie e di qualche atroce, inevitabile, dolore. Ma anche la casa delle risate e delle sorprese.

La mia vita sarà sempre legata al suo ricordo e al suo robusto, profondo, abbraccio. Quella casa era il respiro dei miei adorati genitori, Mario e Rossana. E il destino ha voluto che anche dal mio nuovo appartamento, aprendo la finestra, io la possa ancora vedere da lontano. Come un grande amore che non vuol esser dimenticato.

Alla *casa sopra i portici*, ai miei fratelli Luca e Silvia, a Gianna, Giulia e Paolo è anche dedicato questo viaggio nella memoria di tanti volti e tante emozioni. Qualche volta a colori, molto spesso in bianco e nero.

Carlo Verdone

1

La casa sopra i portici

Quel giorno avevo messo una giacca blu, una camicia bianca, un pantalone grigio e una bella cravatta rosso scuro. Era un gesto solenne che sentivo di dover fare. Volevo essere elegante perché stavo per salutare l'ultima volta un luogo che meritava un profondo rispetto.

Non ricordo esattamente la data, ma era la metà di aprile del duemiladieci. Forse ho rimosso quel numero perché mai avrei voluto che arrivasse quel momento fatidico. Il giorno in cui avrei dovuto lasciare per sempre la vecchia casa paterna.

Decisi di uscire alle tre e mezzo, in largo anticipo per giungere almeno un'ora prima del previsto appuntamento con l'addetto del Vicariato. Giusto pochi minuti per formalizzare la riconsegna dell'immobile. Con il semplice ritiro di una chiave quel freddo emissario avrebbe sottratto per sempre la dimora dei più bei ricordi della mia vita.

Ero terribilmente triste e l'atmosfera di quel pomeriggio non aiutava a migliorare il mio stato d'animo. Quei giorni la primavera sembrava ancora lontana e i colori erano simili all'autunno. Il cielo era un tappeto plumbeo e cadeva una pioggia leggera a vento. Ero quasi arrivato. Il cuore mi batteva forte. I platani che costeggiavano il Lungotevere sembravano rifiutare la fioritura. Era tutto molto irreale. O almeno così mi sembrava. La casa finalmente mi veniva incontro. Avevo la sensazione che mi stesse aspettando. Un imponente palazzo umbertino con dei bellissimi portici in stile piemontese, per metà rosso vinaccia, in via Lungotevere dei Vallati numero due, adiacente con via dei Pettinari e parallelo con Ponte Sisto. Nonostante gli alberi coprissero la visuale, riuscivo a scorgere il mio appartamento al terzo piano. Un attico di rara poesia, con le sue alte persiane verdi e quel suo lungo terrazzo, pieno di piante e rampicanti, sul quale si affacciavano tutte le stanze.

Aprii il massiccio portone ed entrai nell'androne. Ero indeciso se prendere il vecchio, elegante ascensore Otis dalla cabina di legno oppure salire a piedi. Decisi che avrei percorso le scale in salita e sarei poi andato via con l'ascensore. Osservando le targhe d'ottone fissate sulle porte, provavo una gran malinconia. Tutte le grandi famiglie che mi avevano fatto compagnia per decenni non c'erano più: Baldi, Schoenenberg, Cortesi, Ammannati, D'Agostino, Marzi… Li ricordo tutti. Solo Stefano Natale, l'amico, il pittore, l'artista che sapeva costruire con passione il più bel presepio natalizio che abbia mai visto, resisteva allo sfratto con tenacia e, forse, benevolenza da parte del Vicariato. Ed era bello sapere che almeno una delle persone a me più care potesse avere il privilegio di rimanere ancora custode del nostro passato.

Arrivai davanti alla porta. Era fatta di legno di noce a due ante sulle quali c'erano due targhe che riportavano sia il cognome di mio padre che quello di mia madre. Sono sempre state insieme perché mio padre voleva rispettare quella casa che lo accolse dopo il matrimonio. Il Vaticano la diede in affitto nel 1930 agli Schiavina, la famiglia di mia madre Rossana. La mia mano stringeva la chiave dentro la tasca della giacca. Avevo promesso a me stesso che sarei stato forte e che avrei salutato quel caro luogo con rassegnazione, ma tanta dignità. Infilai la chiave nella serratura facendole fare i soliti cinque giri. Quella porta mi stava accogliendo con dolcezza. Aprii e rimasi fermo sulla soglia del grande ingresso. Dinanzi a me si distendeva il corridoio con le porte che si affacciavano sul lato sinistro. Mentre sulla destra una maestosa finestra ad arco dava la luce a gran parte della casa.

L'energia elettrica era stata ormai staccata. Era tutto in penombra. Tagli di luce provenivano dalle finestre con le imposte ancora semiaperte. Ma era una luce grigia. Spettrale. Le mura erano nude. Spogliate di mobili, quadri, di migliaia di libri e colori. I numerosi e preziosi quadri tolti dalle pareti avevano lasciato il loro alone, la loro cupa impronta rettangolare: sembravano loculi senza nome.

Neanche il tempo di avanzare il primo passo verso l'interno che già sentii la prima fitta al cuore. Mentre percorrevo il corridoio, privo di tappeti, avvertivo che il suono dei miei passi era qualcosa di estraneo ai rumori quotidiani della casa che conoscevo. L'assenza del mobilio aveva modificato la sonorità. C'era una strana eco, uno sconosciuto riverbero. Neanche il pavimento umbertino, dalle robuste mattonelle di marmo, riusciva a riproporre quel suono tipico di quando la casa era abitata. Erano passi nel nulla.

Lentamente accarezzavo con lo sguardo le porte delle stanze. Dietro ogni porta c'era una storia, una vita. A sinistra lo studio di mio padre, a destra la cucina che dava su un bel cortile dove si stendevano i panni e un'altra porta che la collegava ad una dispensa che portava alla stanza da letto della cameriera. Tornando sul corridoio, la prima porta era quella del salotto, sempre pieno di gente, di musica, di cultura, di parole, di risate. Poi, a seguire, la sala da pranzo dove c'erano il televisore e il giradischi e nella quale si discuteva vivacemente tutti i giorni. In fondo al lungo corridoio la mia camera, che ho condiviso per alcuni anni con mio fratello Luca. Infine una biforcazione: nel piccolo corridoio di sinistra la camera di mia sorella Silvia, nel corridoio di destra la camera dei miei e quella – poi definitiva – di Luca.

Avevo con me la macchina fotografica. Facendomi forse un po' del male, iniziai a scattare partendo dallo studio di mio padre. Il punto in cui c'era la scrivania, le pareti con addossate le imponenti librerie e la porta che la collegava al salotto. Era fatta di tanti vetri quadrati smerigliati di colore giallo. Uno di questi aveva un angolino frantumato (era rimasto così dal 1945) e da quel buco potevo osservare di nascosto, da bambino, ciò che accadeva nel salotto quando i miei invitavano gli amici. Scattai un bel dettaglio.

A un certo punto mi fermai, mi accorgevo che stavo fotografando il nulla. La vita e gli accadimenti di quegli ambienti erano solo nella mia mente. Nelle mie emozioni lontane. Nessuna di quelle foto avrebbe potuto restituire tutto il vissuto. Mi stavo muovendo in una dimora senza più vita. C'ero soltanto io e il suono dei miei passi che percorrevano, lenti, ricordi sbiaditi, opachi.

In quel momento ebbi come la sensazione che la casa stesse soffrendo insieme a me. Non sembrava una costruzione di mattoni ma un organismo vivente e palpitante. Quella scenografia umiliata, nuda, non voleva ancora morire. Mi stava offrendo l'ultima possibilità di proiettare nella mia mente alcune sequenze di un film lungo decenni. Uno scatto, un altro ancora, poi il mio sguardo si posò sulle finestre bagnate dalla pioggia. Le gocce appena cadute sui vetri diventavano rivoletti che scendevano seguendo percorsi irregolari. Anche le finestre stavano piangendo insieme a me.

Volevo reagire, volevo ricordare. Scosso da un impulso irrefrenabile, sentivo il bisogno di ricostruire velocemente il mio passato in quella casa. Appoggiato alla parete nuda della mia stanza riuscivo perfettamente a percepire i suoni, gli odori di un tempo e a materializzare oggetti della mia gioventù. Cercavo di vedere addirittura delle persone intorno a me, con le loro voci. Vedevo la mia cara, grande, famiglia.

Stavo iniziando a girare il mio film più importante e sofferto.

Il portone di casa.

L'antico ascensore Otis del 1930.

La rampa di scale e la porta di legno.

La targa in ottone della famiglia Schiavina.
Il campanello dei Verdone, con la testina di leone.

SCHIAVINA

Verdone

Il corridoio... com'era prima.

Il corridoio dopo il trasloco... Passi nel nulla.

Dove c'erano i quadri... Loculi senza nome.

Uno scorcio del salotto... Un silenzio senz'anima.

La porta dai vetri smerigliati... di cui uno frantumato.

Il terrazzo, ormai spogliato, con la veduta sul Gianicolo.

Anche le finestre stavano piangendo... insieme a me.

La mia camera. Cupa, senza più suoni.

2

La casa dei rumori e degli odori

Prima di fare il definitivo trasloco, dopo la scomparsa di papà, c'era una cosa che amavo fare spesso: visitare da solo la casa sopra i portici. Mi piaceva aprire le porte delle stanze, ricordare com'erano quando noi fratelli abitavamo là, percorrere lentamente il lungo corridoio dove la solita mattonella, poco aderente da più di cinquant'anni, fa un leggero rumore di assestamento mentre ci cammini sopra. Aprire i cassetti e ritrovare la penna del liceo, una lettera di raccomandazioni di mia madre, la foto in bianco e nero della prima fidanzata o di noi fratelli in posa sotto l'albero di Natale, una medicina scaduta, la chiave del mio primo motorino.

Era la casa dei rumori e degli odori. Ogni ambiente aveva un suono che la caratterizzava. Dallo studio di mio padre proveniva il *tic tic tic taclack* della sua Olivetti 22, dalla camera di mia madre l'inconfondibile suono del telefono a disco. Mamma aveva cinque amiche del cuore che doveva chiamare, per cui la linea era sempre occupata. Le conversazioni vertevano spesso su amici e amiche operate. Glicemia, azotemia, depressione e ricovero erano le parole più usate in quelle telefonate interminabili. Dalla mia stanza fuoriusciva perennemente musica rock ad alto volume, mentre in quella di Luca echeggiava, con un volume più discreto, la musica lirica. Da Silvia, invece, si distingueva il cicaleccio di lei che spettegolava con la sua amica di turno.

C'erano gli odori tipici di una casa vera: quello di tappeti dell'Ottocento, di libri antichi, di cera, di poltrone, di lucidante per pianoforte. Odori nobili e di altri tempi, ma anche di tanta vita vissuta. Quando ero ragazzino mi piaceva molto andare nel bagno della cameriera perché, da quel punto, potevo vedere il grande cortile del civico dieci, adiacente al mio. Osservavo, la sera, la vita delle famiglie che si svolgeva nel suo interno: c'era una signora distinta, di una certa età, che passava ore a truccarsi, una madre sfiancata che faceva studiare i figli in una stanza illuminata da una luce fioca, un sarto che passava tutta la giornata a cucire vestiti, un vecchio signore gay che si sedeva ad accarezzare il suo gatto e ogni tanto alzava gli occhi al cielo. Infine una bella ragazza, dai capelli castani lunghi, che studiava e prendeva appunti sul tavolo. Mi ero innamorato di lei e mi ripromisi che la mia prima fidanzata doveva avere gli stessi tratti e i lunghi capelli castani di Francesca. Così si chiamava la mia prima "fidanzata virtuale". Era emozionante guardare il circondario di notte, scrutare cosa succedeva dentro quei rettangolini luminosi. Mi piaceva il silenzio di quel cortile, il cui unico rumore

I "rettangolini luminosi" del cortile, visti dal bagno della domestica.

era l'acqua che sgorgava in una vasca piena di pesci rossi. M'incantavo a guardare i colori del tramonto da quella finestra così distante e appartata dal resto della casa.

I terrazzi condominiali erano lunghi e immensi. Disposti in modo da consentirmi di scavalcarli, fino ad arrivare al lato opposto dell'edificio. Avevo trovato una vecchia chiave in grado di farmi avere il loro accesso proibito. C'era un percorso che passava dall'adiacente Ospizio dei Cento Preti fino al convento delle cosiddette "suore cappellone", le quali allevavano galline e mantenevano non so quanti gatti. Dai camini di quelle ali di edificio si levavano profumi di dolci, di farina, di pietanze ben preparate. Le grandi emozioni di tutta la mia vita da ragazzo le ho provate, spesso, stando da solo. Non mi annoiavo mai e non avevo paura di nulla. Per molto tempo la solitudine è stata per me una "piccola droga", che accompagnava ogni mio stupore quando osservavo scorci e dettagli della mia città da quel punto privilegiato che era il mio palazzo. Dove i rumori erano ovattati e lontani.

Ben presto contagiai, con quelle emozioni interiori, il mio amico del cuore Giovanni Baldi. Abitava all'interno nove, mezza scala sopra la mia. Lui portava le sigarette senza filtro che costavano poco, le Alfa, e appoggiati al parapetto, senza dirci una parola, guar-

I terrazzi condominiali lunghi e immensi.

davamo il crepuscolo spegnersi verso il Gianicolo e le prime luci della nostra amata Roma accendersi l'una dopo l'altra.

La solitudine contemplativa sui terrazzi condominiali resta, ancora oggi, il ricordo più toccante dei miei vent'anni. Quando mi bastava poco per essere sereno... Ipnotizzato solo dal silenzio e dalla luce che moriva lentamente.

3

Principi, streghe e diavoli in corridoio

Il corridoio è un posto di passaggio, una via di accesso ai vari ambienti della casa, uno spazio dove ci si incontra frettolosamente. Invece per me è stato il luogo dove, a circa cinque anni, ho vissuto la prima esperienza teatrale della mia vita. Mia madre era amante delle tradizioni e ci teneva a rispettarle, per cui nel periodo di Carnevale, insieme all'amica Vera Spinedi, allestiva alla fine del corridoio un vero e proprio teatrino risalente all'Ottocento e appartenente a mia nonna. La porta della mia camera, incorniciata di drappi e sipario, faceva da cornice e davanti veniva sistemato il prezioso teatro. Allineate ai piedi del piccolo palcoscenico c'erano tutte le sedie dove ci saremmo seduti io, Luca e i nostri amichetti. Anche i burattini erano pregiati ed erano protagonisti di storie con principi, principesse, streghe, maghi e diavoli. Erano tutte storie, inventate da Vera e mia madre, che partivano da un abbozzo e poi andavano avanti a braccio. Da quegli spettacolini emergeva chiaramente l'attenzione che mamma rivolgeva a noi figli, ma anche l'esigenza di tramandare usanze del passato a lei care.

Con mia madre ad una festa mascherata (1966).

Da piccolo amavo tantissimo i burattini. Andavo spesso al teatrino del Gianicolo per assistere alle divertenti imprese di Pulcinella che, con quella comica voce nasale, duellava con la Morte, il Diavolo e altri nemici molto buffi. Mi eccitavano le bastonate che puntualmente si davano... Al punto che un giorno, colto da un raptus assurdo, afferrai uno spazzolone e – con la stessa movenza a scatti di Pulcinella – mollai una mazzata fortissima sulla testa della cameriera Angelica che, ignara, stava passando la cera per la casa! La ferii seriamente e fu portata al Fatebenefratelli. Quando mio padre lo seppe, si tolse la cinghia e mi lasciò i segni sulle gambe per mesi. Quell'episodio preoccupò molto la mia famiglia, che iniziava a notare in me degli impulsi pericolosi e fuori luogo. Cominciavo ad essere un bambino troppo vivace in tutto. Ma emergeva anche un'oscura tristezza che mi portava a nascondermi per ore dentro un armadio, una cassapanca o sotto un letto. Al punto che il medico di famiglia, il severo dottor Villani, mi diede una compressa a base di bromuro da prendere a pranzo e cena. Quello fu l'inizio delle prime medicine per l'umore.

Verso il 1970, quando iniziai a fare le prime imitazioni, i primi spettacoli teatrali universitari e a dar prova di avere la stoffa dell'attore, i miei genitori mi fecero incontrare Maria Signorelli, la fondatrice del-

Con mia madre e Luca, sotto il portone di casa (1956).

l'Opera dei Burattini; una Compagnia di qualità e gran classe che faceva rappresentazioni sia per bambini che per adulti. Maria Signorelli era figlia di una scrittrice russa, Olga Resnevitch, amica intima di Filippo De Pisis e moglie del grande pedagogo Luigi Volpicelli. Quell'esperienza fu importantissima perché – facendo il burattinaio – ebbi l'opportunità di esercitarmi con la modulazione della tonalità vocale e la ripetizione delle voci dei miei parenti, con le quali facevo parlare i miei pupazzi. Ecco, quelli furono i primi, veri, passi verso l'identificazione di alcuni DNA vocali che avrebbero poi caratterizzato i monologhi e gli spettacoli televisivi degli esordi.

Per un attore non c'è palestra più efficace di quella del teatro per bambini. Con i quali si deve per forza interagire, perché interrompono continuamente lo spettacolo ponendo domande e chiedendo spiegazioni.

4

Questa musica mi fa cagareee!
(Il salone)

Il salone era il luogo in cui i miei, la sera, ricevevano persone molto importanti. Anzi, i miei occhi da bambino di otto anni le vedevano come qualcosa di più. Mamma e papà frequentavano spesso il mondo della musica e in casa erano soliti ricevere personalità come i direttori d'orchestra Franco Ferrara, Pier Luigi Urbini, Carlo Franci, i compositori Guido Turchi, Silvano Bussotti, Vieri Tosatti, Boris Porena, il pianista Sergio Cafaro, il grande coreografo Aurel Milloss. C'era anche Giuseppe Postiglione, un noto pianista dell'epoca per il quale mia madre nutriva un affetto enorme; era un grande esecutore di Liszt e Chopin e avrebbe fatto sicuramente una splendida carriera se non fosse morto giovane. Di lui ricordo soprattutto la simpatia, l'ironia e la vivacità tipiche dei napoletani; sul piano musicale ho potuto apprezzarlo grazie ai dischi che aveva regalato a mia madre.

Non potendo partecipare personalmente a quelle serate, mi rintanavo nello studio di mio padre e osservavo tutto grazie a quel famoso foro nel vetro della porta. Ero come rapito da quel brusio di voci e risate. Ma cosa ascoltavo in realtà? Discorsi intellettuali? Disquisizioni su teorie e tecniche musicali? No. Ascoltavo invece conversazioni incredibilmente amene perché quegli ospiti così prestigiosi erano in realtà molto spiritosi. Era un'atmosfera allegra, vitale, intelligente e conviviale, dovuta all'unione di persone che si divertivano a stare insieme. Nonostante la mia giovanissima età, restavo lì ore ad origliare e scrutare. Non capivo nulla di musica, ma ero rapito dalla forma elegante delle parole e dalle critiche spesso piene di sarcasmo.

Il Maestro Sergio Cafaro, da tutti riconosciuto come grande interprete di Schumann, Beethoven e Schubert, era anche un appassionato di botanica ed entomologia. Pochissimi sanno della sua abilità nel riprodurre con la voce svariati tipi di rumore. Sapeva imitare l'arrivo del treno in stazione con tanto di frenata, la mosca che ronza sull'escremento di una mucca, il passaggio di un'ape, un moscone molesto dentro casa e anche il sedere di un elefante utilizzando cappotto e cintura! Ma il suo pezzo forte era il rumore di chi andava al bagno con la colite o la pipì notturna di chi soffriva di prostata... Si faceva portare da mia madre un vaso da fiori di cristallo e riusciva a riprodurre il flusso non fluido della pipì con il semplice ausilio di lingua, labbra e fiato. È stato il più grande imitatore di rumori che abbia mai conosciuto. Era un genio assoluto.

Insegnava al Conservatorio di Pesaro e conosceva molto bene la zona, ma nutriva sconfinata curiosità anche per i posti dove andava a tenere i concerti. Aveva la fissazione di esaminare gli elenchi telefonici di ogni città e annotarsi i cognomi e nomi più assurdi. Arrivò al punto di pubblicare a sue spese un libricino intitolato *Tutto un nome un programma*, un mini-elenco telefonico contenente le sue singolari ricerche. Tra i tanti nomi c'erano il sacerdote Cattiveria Don Guido, un tale Vermouth Nino residente in via degli Amari, e poi Ragno Gelido di via Casal di Marmo, Gagliani Aeroplano, Stecconi Bufalo, Pistola Tranquillo, Tavoletta Rosa, Macelleria Frega, Frocione Giovanni eccetera.

Il direttore d'orchestra Franco Ferrara mi sembrava quello più serioso ed appartato, ma ero attratto soprattutto dal suo modo di parlare a scatti. La sua voce siciliana è stata oggetto delle mie prime imitazioni e mi riusciva perfettamente.

Ma una volta accadde un fatto che rimase a lungo nei miei ricordi della casa. In occasione di un martedì grasso, i miei genitori e i miei zii Gastone, Corrado ed Ermanno (fratelli di mia madre) decisero di organizzare una festa carnevalesca dal tema *D'Annunzio e la Duse*. Tutti gli uomini dovevano essere Gabriele D'Annunzio e tutte le donne dovevano vestirsi e truccarsi come Eleonora Duse. Alcune coppie dovevano recitare, come in un film muto, a soggetto libero, spunti fantasiosi di una relazione passionale e tormentata tra i due. Era tutto di una comicità irresistibile perché alcuni invitati, obesi e brutti o magri e allampanati, non potevano assolutamente essere il *divino* scrittore e la *divina* interprete. Fu girato anche un filmino in otto millimetri che ancora possiedo. In sostanza, i migliori avrebbero vinto un premio assegnato dalla giuria, composta dagli altri invitati. Mia madre e mio zio Ermanno, perfetti in quei ruoli, vinsero senza rivali. Ma dopo tre ore di atmosfera dannunziana che aveva un po' rotto i coglioni, alcuni amici dei miei zii, noti playboy della via Veneto di fine anni Cinquanta, decisero di mettere sul giradischi, a tutto volume, dei mambi e delle bossanove per alleggerire l'atmosfera. Ben presto l'appartamento diventò un autentico casino di musica, con tutti un po' alticci a ballare sfrenatamente da una camera all'altra. Sembrava una festa de *Il bidone* di Fellini, perché una coppia si chiuse nel bagno di casa per più di mezz'ora e due donne rimasero in reggiseno.

Tutto questo indignò profondamente mio padre, che non amava affatto quell'atmosfera da night club. E fece capire a tutti che era l'ora di andare via, mentre mia madre cercava diplomaticamente di riportare un minimo d'ordine... Ma senza successo. Come se non bastasse, va detto che a quella festa fu invitato un personaggio assolutamente sbagliato. Uno che c'entrava nulla: il Maestro Vieri Tosatti. Era un compositore di musica dodecafonica, un avanguardista che si era rivelato nel '46 con *Il concerto della demenza*, una composizione satirica e paradossale. Intellettualissimo, già con i capelli alla Jimi Hendrix e con due lenti da miope, che più miope non si poteva. Era una persona inquietante perché parlava poco, era altissimo, magrissimo e dava di sé un'aria sinistra alla Nosferatu. Ovviamente era l'unico che si era rifiutato di

D'Annunzio e la Duse: Sergio Cafaro e mia madre (1950).

vestirsi da D'Annunzio, presentandosi volutamente come un miserabile "esistenzialista".

Nel momento in cui la festa stava diventando un vero baccanale, dove tutti (tranne mio padre) si divertivano, Tosatti fece un gesto "provocatorio" di sabotaggio. Cominciò a infilare delle forcine per i capelli in tutte le prese di corrente. Il risultato fu quello di causare un corto circuito totale. La musica s'interruppe di colpo e la luce sparì. Restarono tutti sbigottiti e nessuno riusciva a capire il motivo di quel blackout solo nel nostro appartamento. Si misero tutti a cercare il guasto per più di mezz'ora, senza risultati. Mio padre urlava a mia madre: "Accidenti a queste feste che non c'entrano un cavolo con casa nostra! Porco Giuda!"

Zio Gastone finalmente si accorse del sabotaggio e gridò: "Vorrei sapere chi è questo stronzo che ha messo le mollette nelle prese!... Avanti, chi è 'sto stronzo?!"

"Lo stronzo sono io!" urlò Tosatti nel buio pesto. "Questa musica mi fa cagareeeeee!"

E così dicendo se ne andò, sbattendo violentemente la porta di casa.

Fu subito rincorso dai miei zii e dai loro amici che dalla tromba delle scale gli urlarono: "A fallitooo! A testa de cazzooo! A stronzooo!"

La luce tornò e con lei la musica. Mio padre e mia madre, storditi, erano l'uno accanto all'altro seduti in cucina. Maledicendo l'idea di quella che doveva essere una festa elegante di Carnevale, si guardavano attoniti. Non sapevano come fare per mandare via la gente una volta per tutte. Mio padre dava dei pugni violenti sul tavolo, ma faceva ridere perché era ancora vestito da D'Annunzio. A mettere fine al tutto ci pensò, involontariamente, zio Ermanno che entrando in cucina rincarò la dose: "Mi meraviglio di come invitate alle feste uno stronzo come quello!"

Fu la goccia che fece traboccare il vaso. Mio padre si alzò di scatto e iniziò a urlare: "Via tutti! Via tutti! La festa è finita!... Fuori, fuori tutti!"

Mia madre fu presa da un attacco d'ansia e iniziò a piangere. E pian piano la gente capì che non era più il caso di restare a casa Verdone.

"Andiamo tutti da me!" fece l'architetto Censi, famoso donnaiolo di Riccione amico di zio Gastone. "Riprendete tutti i dischi, dai!"

La gente defluì rapidamente. Molti non salutarono nemmeno. Gli amici intimi si sforzarono invece di consolare papà e mamma, umiliati e confusi da quel casino così lontano dalle loro pacate serate. "Mai più... Mai più!" strepitava furibondo mio padre. Ma faceva sempre ridere perché mezzo baffo "dannunziano" gli si era staccato da sotto il naso.

Perché ricordo con grande divertimento questo episodio? Perché quando da universitario mi accostai al cinema di Fellini, capii la sua assoluta grandezza. Perché quella sera a casa Verdone c'era stata una lunga sequenza di un suo film in bianco e nero. A cavallo tra *Il bidone* e *La dolce vita*.

5

Il campanello di casa

Il nostro campanello di casa è stato sempre quello, sin dal 1930. Era una piccola testa di leone in ottone, con un buco nella bocca dove c'era il pulsante. E il trillo è rimasto uguale, non si è mai rotto. Da come veniva suonato ero in grado di capire il carattere di chi stava per entrare. Mio zio Ermanno (uomo impaziente), che spesso veniva a pranzo, lo suonava lungo. I miei migliori amici, i fratelli Baldi (che abitavano al piano superiore), essendo timidi lo suonavano con un tocco breve. Il loro padre Leo, l'uomo più discreto del mondo, lo sfiorava appena. Le mie fidanzate, compresa la mia futura moglie Gianna, con un tocco di grazia. Il tocco pesante e un po' prepotente apparteneva a due categorie: i fornitori e i registi famosi che venivano a trovare papà.

Quando suonava il campanello della porta correvo subito ad aprire, perché ero curiosissimo di vedere chi fosse. E c'era sempre una sorpresa. Spesso però succedeva di ritrovarmi di fronte a dei signori con dei minacciosi occhiali scuri: Pier Paolo Pasolini, Pietro Germi, Cesare Zavattini, Roberto Rossellini, Alberto Lattuada, Alessandro Blasetti... Invece di affascinarmi, mi incutevano soggezione e paura perché mi sembravano commissari di polizia. Avevano tutti un'inconsapevole invadenza nel suonare e nell'entrare. Le uniche eccezioni erano Federico Fellini e Franco Zeffirelli. Fellini voleva esser atteso al portone di casa e accompagnato a piedi su per le scale, perché pauroso dell'ascensore. Zeffirelli spingeva il campanello con due trilli brevi. Delicati e simpatici. Quasi "operistici". Franco resterà sempre come una delle persone più generose che abbia mai conosciuto nella mia vita. Era profondamente legato a mio padre, con il quale aveva condiviso una buona fetta di vita tra Firenze e Siena, tra l'università e messinscene teatrali a livello goliardico. Papà le scriveva e lui le metteva in scena. Una volta si ritrovarono entrambi ricoverati nello stesso ospedale, ma in reparti diversi; ognuno chiedeva informazioni sullo stato di salute dell'altro e si mandavano bigliettini d'incoraggiamento. Partecipò anche al fidanzamento dei miei, in occasione del quale, in una bellissima dedica, definì mia madre "donna amabile e luminosa". Per tanti, Zeffirelli ha un carattere molto difficile, noi abbiamo avuto il privilegio di conoscere, in ambito familiare, la sua benevolenza e la sua generosità.

Con Pasolini non ci ho mai parlato, ero troppo giovane e pieno di soggezione nei confronti di una tale personalità, però ricordo bene le sue telefonate a casa. Ogni qualvolta mio padre doveva scrivere per *Bianco & Nero* un saggio su Pasolini, ecco che quest'ultimo telefonava per dare qualche suggerimento o per apportare l'ennesima correzione. Era maniacale ed esigeva sempre l'assoluta perfezione. Appena mio padre sollevava la cornetta e sentiva "Ciao Mario, so-

no Pier Paolo" la prima cosa che faceva era mimare il gesto del "che palle"... Perché sicuramente avrebbe dovuto ritoccare qualcosa nello scritto. Poi sbatteva forte il piede sul pavimento come reazione.

In quel salone, nel 1988, venne a trovarci anche Leonard Bernstein, grazie alla buona amicizia che aveva stretto con mio fratello Luca, appassionato di musica classica. A testimoniarlo c'è una fotografia che parla da sola (Bernstein al centro della foto con foulard, whisky e sigaretta, io accanto a lui sulla destra, mentre mia moglie sulla sinistra tiene sospesa una forchetta con un involtino da ficcargli in bocca).

Con Leonard Bernstein e Gianna nel 1988.

Il grande compositore suonò il campanello a lungo, quanto una quaresima. Volli andare ad aprire io stesso, ero molto emozionato perché gran parte dei miei cd di musica classica hanno la sua direzione. Quando aprii la porta vidi un imponente signore, affascinante, dai capelli bianchi, un po' scapigliati, dal viso autorevole ma molto dinamico e simpatico. Era seguito da altre cinque persone: quattro ragazzi americani completamente stravaganti e il nostro caro amico, il direttore d'orchestra Alessio Vlad. Nella mia vita raramente ho incontrato una persona che tiene banco per un'intera cena, parlando continuamente di chi gli piace, di chi non gli piace, di chi ama e di chi disprezza. Ce l'aveva anche con Carlos Kleiber, che è stato tra i più importanti direttori d'orchestra del Novecento! Non poteva sopportarlo perché, a suo dire, era scontroso, presuntuoso, irritante e argentino, mentre lui era solare, romantico e aperto a tutto. All'epoca c'era la competizione su chi fosse più talentuoso, con diversi pensieri critici in merito. Questo non stava bene a Bernstein, perché riteneva che il suo rivale fosse estremamente rigido e poco passionale. Fu capace di stare per l'intera cena con una sigaretta Winston nella mano destra, un bicchiere di whisky nella sinistra e volle essere anche imboccato da mia moglie Gianna. Avvicendava un tiro di sigaretta, un sorsetto di whisky e un boccone di cibo. A parte queste singolari stranezze, era un tipo molto spiritoso. Quando poi seppi che era stato amico intimo di John Lennon e Yoko Ono, perché vicino di casa al Dakota di Central Park, lo ammirai ancora di più. Riteneva Lennon un immenso compositore e Yoko Ono una geniale artista.

Quel campanello non finì mai di stupirmi ed emozionarmi… Soprattutto quando lo suonarono due persone per me molto importanti: Federico Fellini e Alberto Sordi.

6

Allora te posso rompe li cojoni alle sette?...
Federico Fellini

Fellini e mio padre furono grandi amici. Tra loro non c'era solo grande affetto, ma vera stima. Mio padre lo riteneva tra i più grandi autori di sempre e Federico apprezzava e condivideva in pieno i saggi che spesso lui scriveva sulle sue opere. C'era un altro elemento che li legava fortemente: il circo. Entrambi erano appassionati delle arti circensi e della loro storia. Conoscevano a memoria tutti i migliori circhi del mondo e avevano una cultura enorme sulle famiglie dei grandi clown.

Durante il primo anno di università cominciai a frequentare tanti cineclub che, dalla metà degli anni Sessanta, iniziarono a svolgere un'attività didattica importante per i ragazzi che amavano non solo il cinema sperimentale e *underground*, ma anche i grandi autori, sia italiani che stranieri. Fu in quegli anni fantastici di condivisione culturale che ebbi modo di conoscere a fondo il cinema italiano dal Dopoguerra in poi. Quando ci fu la settimana dedicata alle opere di Fellini, rimasi folgorato dalla poesia, dallo stile personalissimo, dalle atmosfere che quel grande regista riusciva a comunicare. Amavo i suoi primi film in bianco e nero, li ritenevo capolavori assoluti nella penetrazione psicologica dei personaggi. Non so quante volte avrò visto *Lo sceicco bianco*, *I vitelloni*, *Il bido-*

ne, *La dolce vita* e *Otto e mezzo*. Ogni volta restavo ammirato nello scoprire la perfezione nella scelta degli attori di seconda linea, delle semplici comparse o generici parlanti. Tutto ciò che ha realizzato Fellini, in tanti anni, aveva qualcosa di "superiore" rispetto all'opera di altri autori altrettanto famosi. Perché lui fu un grande psicologo, un eccelso truccatore, uno scenografo, un costumista impeccabile ma, soprattutto, un sublime poeta che sapeva cogliere le emozioni da un'apparente banale realtà. Diventò presto il mio modello cinematografico. Un uomo da ammirare, ma impossibile da emulare. Era unico.

Quando seppi che Federico e Giulietta avevano accettato (raramente i due uscivano insieme) l'invito a cena dei miei genitori, feci un salto di gioia. Avevo mille domande da fargli e me lo volevo studiare a fondo per capire il suo temperamento. Quella cena fu per lui molto rilassante, sentiva di stare a tavola con una famiglia affettuosa, che gli voleva bene e che lo trattava con discrezione e semplicità. Pian piano Federico, stimolato da mio padre, ricordò l'anno in cui arrivò a Roma da Rimini, per andare a vivere in una pensione a Santa Maria Maggiore, vicino alla stazione Termini. Raccontò di aver tentato di raggiungerla a piedi, ma che ben presto si perse e finì in una strada di San Lorenzo. Mentre attendeva l'autobus che avrebbe dovuto portarlo nei pressi di quella pensione molto umile, rimase molto intimorito dalla maestosità di Roma e dal suo caos. Ma era convinto che, alla fine, la Capitale lo avrebbe accolto affettuosamente.

Perché, da parte sua, aveva voglia di viverla e narrarla in tutti i suoi aspetti che lo affascinavano da sempre. Mentre stava arrivando l'autobus e aveva impugnato il manico della grossa valigia, il povero Fellini sentì improvvisamente qualcosa di gelato e umido sulla testa. Si toccò, guardò la mano e capì che qualcuno gli aveva sputato in testa. Di scatto alzò lo sguardo e vide due testoline di ragazzini ritrarsi velocemente dal balcone del palazzo alle sue spalle. "Ecco, quello fu il primo benvenuto che Roma, con molta maleducazione, mi diede..." concluse.

Ricordo le risate di mio padre e di tutti noi nell'ascoltare una raffica di racconti minimi riguardo i suoi primi mesi a Roma. Ciò che mi colpiva era la sua straordinaria bravura nel fare le facce, nell'imitare un gesto o un movimento. Quando si possiede un dono del genere, non si può non essere un grande regista. Fellini mi sembrava tutto tranne che un grande attore, invece dovetti ricredermi perché aveva una capacità di comunicazione "magnetica" ed estremamente autorevole. Trascorse quella sera piacevolmente, in un clima conviviale, insieme ad amici che non lo stressavano con mille domande. Infatti, fu lui stesso a parlare liberamente dei suoi tanti ricordi.

Quando diventai attore e regista, nei primi anni Ottanta, lo andavo spesso a trovare a Cinecittà. Dieci minuti me li concedeva sempre. Aveva visto *Un sacco bello* ed era rimasto colpito dalla mia capacità di entrare con disinvoltura in tanti personaggi e, soprattutto, dalla solitudine che regnava intorno a loro. Fui molto lusingato e lui mi pregò di andarlo a salutare tutte le volte che volevo. Cosa che feci con molta discrezione, perché era sempre attorniato da decine di persone e mi sembrava di disturbarlo.

Tornò a cena dai miei diverse volte fino al 1982, anno in cui le condizioni di salute di mia madre precipitarono drammaticamente. Quando lei morì, nel 1984, Federico scrisse a mio padre una delle più belle lettere che un amico può scrivere ad un altro amico in un momento di profondo dolore. Iniziava così: "Mario adorato, fratellino mio caro...". Mio padre conservò a lungo quella lettera così piena di affetto sincero. La teneva sempre piegata sulla sua scrivania.

Una notte del 1990 stavo in via del Babuino, avevo fatto visita a una mia cara amica e mi stavo dirigendo verso la mia auto, posteggiata di fronte alla chiesa, per tornare a casa. Da lontano mi parve di riconoscere Fellini. Stava in piedi, con le mani in tasca, fermo sul marciapiede. Poteva essere soltanto lui, visto che abitava nella vicina via Margutta. Mi accostai e lo chiamai: "Federico... che fai?"

"Aspetto di fare un giretto su una pantera della polizia... Dovrebbero passare fra poco" mi rispose.

Rimasi colpito da quello strano appuntamento. Ma lui spiegò meglio: "Carlè, io sono uno che non dorme un cazzo. Allora ogni tanto mi butto dentro la macchina della polizia per vedere quello che succede di notte".

Che Fellini dormisse tre/quattro ore per notte era

risaputo, ma che avesse questa curiosità di scrutare le notti romane dentro una macchina della polizia lo sapevano veramente in pochi. La cosa mi fece molto ridere e la trovavo assolutamente in linea con quella voglia di vedere e capire un'umanità "notturna" che gli avrebbe poi fornito degli spunti. "Federico, guarda che anch'io dormo pochissimo... a stento riesco a tirare cinque ore" gli dissi.

Lo vidi illuminarsi: "Allora te posso rompe li cojoni alle sette? Dai, dammi il tuo numero..."

Fellini parlava con accento romagnolo, ma gli pia-

Con Federico Fellini dopo la prova generale de *Il Barbiere di Siviglia*, da me diretto (1992).

ceva infarcire il discorso con parole romanesche. Ne usciva un ibrido molto singolare. Gli diedi il numero di telefono, che si segnò su un pezzo di carta preso dal portafoglio. Con una frenata esagerata arrivò davanti a noi la pantera, con tanto di segnalatore luminoso che girava. Scese un poliziotto di mezza età che lo fece accomodare dietro, e lui – prima di chiudere lo sportello – si congedò con: "Buona notte Carletto, guarda che ti chiamo!"

Per circa dieci giorni Fellini ed io conversammo al telefono intorno alle sette, sette e mezzo di mattina. All'inizio partiva sempre lui con quello che aveva visto nelle perlustrazioni con la polizia (sempre episodi terribili di percosse, risse, droga), poi attaccavo io chiedendogli tante cose, tanti dettagli sul suo periodo in bianco e nero che tanto avevo amato. Lui, spesso, non sapeva rispondere. Aveva perso totalmente la cognizione del tempo e del valore di quelle pellicole. Mi disse: "Mi fai delle domande alle quali non so rispondere. Non so che film erano *I vitelloni* o *Il bidone*. Non so giudicarli, perché è passato troppo tempo e li sento quasi fatti da un altro. A quei tempi avevo più entusiasmo, vedevo 'sta città sorniona che emozionava. Ma c'è qualche angolo di poesia ancora? È tutto così caotico, rumoroso, irriverente, violento..."

Quei concetti li ricordo perfettamente. Come ricordo perfettamente che nella sua voce non c'era solo nostalgia, ma anche depressione. Fellini non era più in grado di capire le nuove generazioni. "Oggi pomeriggio sono andato al Metropolitan di via del

Corso a vedere un film" mi raccontò. "Non ci ho capito nulla per la cagnara di venti ragazzini sbracati sulle poltrone, con le gambe appoggiate sulla spalliera davanti e i pattini ai piedi! Non c'è più tanta motivazione per fare film... Mi chiedo qual è il pubblico."

Credo che i temi della "ricerca del silenzio" e della "anarchica cagnara" li avesse in qualche modo sottolineati bene ne *La voce della luna* e in *Prova d'orchestra*, ma certo, colui che mi stava parlando quelle mattine, era un uomo assolutamente smarrito. Lui che aveva meglio di ogni altro raccontato gli anni Cinquanta e Sessanta, in modo penetrante e poetico, non trovava alcuno stimolo in ciò che vedeva e viveva. Insomma, quelle chiacchierate che avrebbero dovuto illuminarmi su quella creatività che caratterizzò tanti film entrati nella storia del cinema, sfociarono nell'amarissima confessione di non essere più in grado di capire l'attuale realtà. Cercavo di dare una spiegazione a ciò che mi chiedeva... ma non riusciva bene a seguirmi. Non provava più alcuno stupore.

Compresi, con molta tristezza, che quel vulcano pieno di frammenti visionari, colorati, ed esagerati, si stava spegnendo in una malinconia senza ritorno.

7

Con tutto il mio PATERNO affetto…
Alberto Sordi

Alberto Sordi cominciò a frequentare casa Verdone soltanto verso il 1982, quando iniziò a preparare il suo primo film in coppia con me. Ma la sua "presenza" aveva sempre aleggiato nella mia vita.

Quand'ero bambino sentivo molto parlare di lui in casa, dei suoi film, delle sue battute, del suo modo di vivere. Sì, perché Sordi abitava di fronte alla finestra della mia camera. Tutti e due affacciavamo su via delle Zoccolette, una stradina del rione Regola, nei pressi di Campo de' Fiori. Se è vero che ad ogni nome è legato un destino, stare di casa in via delle Zoccolette poteva soltanto far presagire qualcosa di comico.

Curioso di vedere il faccione del mitico Sordi, nominato e celebrato continuamente, escogitai uno stratagemma per farmelo, finalmente, "apparire". Presi a bersagliare la sua finestra – a sei metri di distanza dalla mia – con dei sassetti presi dai vasi dei fiori... Fiducioso che prima o poi avrebbe aperto quelle imposte sempre chiuse. Il risultato fu disastroso, ad apparire non fu lui ma il faccione della sorella Aurelia che con un vocione gridò: "A regazzì, se nun te ne vai te gonfio!"

Rimasi fulminato da quelle parole e scappai di corsa dentro casa. Convinto ormai che Alberto Sordi ben difficilmente si sarebbe fatto vedere per colpa di "quel ragazzino rompiscatole", mi misi l'anima in pace. Senonché, un pomeriggio, lo vidi in carne ed ossa entrare, accompagnato dalla sorella Aurelia, in una macchina lussuosa che lo attendeva fuori del portone. Ebbi pochi secondi per imprimermi bene nella mente la statura e il viso. Ma... un'allucinazione mi colse all'improvviso: il faccione di Alberto era identico e preciso a quello della sorella! Se Aurelia si fosse vestita da uomo poteva benissimo essere il fratello e viceversa. Erano identici anche nella corporatura. Da qui il dilemma: e se fosse stato proprio Alberto Sordi a dirmi "Te gonfio"? Questa fantasia me la portai dentro per buona parte dell'infanzia, forse perché orgoglioso di aver ottenuto un contatto diretto col grande attore... Anche se un po' brusco.

Il primo incontro con lui fu alla Mostra del Cinema di Venezia nel 1959, gli chiesi un autografo e lui, ridendomi in faccia, mi fece: "Che vieni dalla Russia? Che ce fai qui a Venezia? Rivattene a Mosca!". Ecco, questo mi disse mentre, timido e impacciato, aspettavo la sua firma che – francamente – sembrava uno scarabocchio.

"Ma Sordi scherza sempre..." mi rassicurava mia madre. "È fatto così..."

Da quel giorno mi misi in testa che i russi dovevano essere dei tipi strani con la faccia da fregnoni.

Il successivo approccio mi rese Sordi profondamente antipatico. Avevo dieci anni quando i miei genitori mi portarono a Saint Vincent per assistere alla consegna del premio *Grolle d'Oro*. Uno dei più antichi e prestigiosi premi per il cinema italiano, assegnato dai critici. Mio padre era nella giuria e Sordi doveva essere premiato per la migliore interpretazione in *Tutti a casa* di Comencini. Lo incontrammo una mattina, durante una passeggiata al laghetto di Gressoney. Ero vestito con un completino valdostano, con tanto di piccozza e cappellino con la piumetta. Sordi fu molto affettuoso con i miei genitori, ma quando fu il momento di presentarmi a lui mi fissò a lungo e sentenziò con tono strafottente: "Ma 'ndo vai vestito così? Co' la piccozza in mano? Sei proprio un fregnone!"

Nonostante fossi diventato rosso dalla vergogna, lui continuò: "Ma che devi scalà?".

Mi ripeteva continuamente quelle cose, dandomi pure dei buffettini che – secondo lui – dovevano divertirmi. E io lì a subire senza dire nulla. Alla fine, facendomi una risata in faccia, mi diede un pizzico sulla guancia così energico che mi lasciò un piccolo livido. Da quel giorno Sordi cominciò a farmi paura per quella risata diabolica e mi feci l'idea di un uomo che odiava i ragazzini.

Mi disinteressai di lui per buona parte della mia adolescenza, tra l'altro aveva anche cambiato casa, trasferendosi in una villa a tre piani alle Terme di Caracalla. Un'abitazione che riuscì ad acquistare prima di Vittorio De Sica, procurandogli un immenso dolore. Ma era evidente che, per andare ad abitare nel posto più significativo e pregiato di Roma, doveva esserci stato un grande balzo nella fama e nel guadagno.

Nel 1966, in piena esplosione *beat*, sui cartelloni stradali veniva pubblicizzato un film dal titolo *Fumo di Londra*. Sul manifesto c'era Alberto Sordi vestito *old english*, con tanto di bombetta in testa, pipa in bocca e ombrello in mano. La curiosità di andare a vedere quel film, insieme ai miei compagni di liceo, non fu tanto dettata dalla presenza di Sordi, quanto dal fatto che fosse girato a Londra: il sogno di tutti i nostri viaggi. In quegli anni la capitale inglese era la patria di una nuova epoca, di una nuova musica, di una moda che ci ispirava continuamente per i suoi colori e per i suoi azzardi. Già immaginavamo che tipo di storia potesse essere, col solito italiano bacchettone atterrato in una "terra di matti". Ma, alla fine, ciò che ci attirava era vedere la *London Beat* nel suo aspetto documentaristico. Sempre che Sordi ne fosse stato capace. Effettivamente ci riuscì abbastanza bene, regalandoci non solo le immagini che volevamo vedere ma anche molte risate. E fu proprio grazie a quel film (senza dubbio il migliore come regista) che presi a riconsiderare Sordi. Mi piaceva la mobilità del viso, le battute veloci e certi atteggiamenti tipicamente romani: quelli strafottenti e nello stesso tempo pavidi. Ebbi l'impressione che quell'attore avesse come catturato il DNA italiano e italiota. Finalmente riuscii a comprendere il perché del suo successo: era una grande maschera, nella quale erano presenti tanti tic comportamentali che ci appartenevano in qualche modo.

Ma il vero, immenso, amore per Alberto Sordi scattò negli anni Settanta, grazie a quei tanti cineclub che – nelle loro intelligenti rassegne – dedicavano intere settimane ad un regista o ad un attore, esplorando in toto la sua attività artistica. Al Cineclub Tevere presi a "studiare" lui e la commedia all'italiana. *Un americano a Roma* e le interpretazioni memorabili ne *Lo sceicco bianco*, *I vitelloni*, *La grande guerra*, *Tutti a casa*, *Una vita difficile*, mi fecero comprendere che aveva una marcia in più: una sensazionale rapidità d'esecuzione della battuta. Nei suoi tempi e nei suoi controtempi. Tutt'oggi ritengo che nessuno come Fellini sia riuscito a delinearci il quadro genetico della comicità drammatica presente nella maschera di Sordi. Non so, francamente, quanto lui ne fosse consapevole... Perché ogni volta che affrontavamo l'argomento Fellini, sembrava quasi sminuire il suo apporto in quei due titoli, rimandandomi a pellicole che – decisamente – ritenevo minori.

Quando esplose la mia popolarità con *Un sacco bello*, dopo il quale molti, incautamente, cominciarono a indicarmi come un possibile erede di Sordi, ero molto curioso (e timoroso) del suo giudizio. I miei contatti con lui si erano fermati a Gressoney, con il livido sulla guancia. Quando i giornali parlarono di *eredità naturale* mi sentivo una piccola cosa di fronte a lui. Quasi un usurpatore.

Ma la svolta vera e propria nei nostri rapporti arrivò nel 1982, quando lo incontrai ad una cena organizzata da Christian De Sica e mia sorella Silvia, alla quale era presente anche Paolo Stoppa. Alla fine della

piacevolissima serata, scandita dai continui, divertenti, ricordi dei due grandi attori, tirai fuori dalla giacca una sua bella fotografia in primo piano e un pennarello. Volevo che mi scrivesse una dedica da poter incorniciare e appendere alla parete dello studio. Palesemente contento della mia richiesta, di getto scrisse: "Giudizio, Carlo! Con tutto il mio PATERNO affetto. Alberto". Quel "Paterno" fu un'illuminazione. Mi fece sorgere la speranza che, alla fine, il sogno di un film insieme sarebbe diventato realtà.

Con l'uscita di *Borotalco* e il successo che ne conseguì, una sera ricevetti una telefonata di Sergio Leo-

Alberto Sordi... con tutto il suo PATERNO affetto (1997).

ne, che mi disse testualmente: "Nun prende impegni pe' domani sera. Stàmo a cena co' Sordi!"

Pensai subito "È fatta!". E così, nell'immensa villa di Sergio Leone, dopo una cena pesantissima a base di fettuccine al ragù e cotolette alla milanese, fu dato il via a un progetto basato su un rapporto tra padre e figlio. Sordi, istintivamente, trovò subito il titolo: *In viaggio con papà*. Piacque così tanto che, penso, fu una delle rare volte che si andava a scrivere una storia basandosi su un semplice titolo. Con l'ingresso di Rodolfo Sonego, fidato e collaudato sceneggiatore di Sordi, iniziammo le sedute sul soggetto e la sceneggiatura. Speravo tanto di poter vedere, prima o poi, la casa di Sordi, ma non c'era verso. Una leggenda diceva che non la conoscesse nessuno. La modesta e disordinata abitazione di Sonego diventò il luogo della creazione di quel film, al quale lavorammo sodo per molti mesi.

Una sera, finalmente, capitò che dovessi andare a prendere Alberto, perché eravamo stati invitati a cena da Sylva Koscina a Marino. Mi diede appuntamento alle sette e mezzo. Arrivai puntualissimo, suonai il citofono e mi rispose Aurelia. "Alberto non è ancora pronto, mi ha detto di farti salire".

Ancora incredulo per quell'inatteso invito, entrai in casa e mentre mi guardavo intorno Sordi si affacciò dal piano superiore dicendomi: "Carlè te chiedo scusa, ho fatto un po' tardi. Accomodati pure".

In realtà si era svegliato da poco, perché di pomeriggio aveva l'abitudine di dormire almeno tre ore. Nell'attesa iniziai un po' a gironzolare. Era un ambiente tremendamente austero, asettico, dove tutto era in perfetto ordine. Il Sordi anarchico era come se non esistesse. Nel frattempo mi era venuto lo stimolo di andare al bagno.

"Carlo!" mi sentii chiamare all'improvviso. Era Alberto, forse pensava che stessi curiosando. "Dimmi Carlo, cosa cerchi?"

"Cerco il bagno… Devo fare pipì" risposi un po' imbarazzato.

"Ah… ma ce devi anna' adesso?" mi chiese con sguardo terrorizzato.

"Beh… dobbiamo arrivare fino a Marino. Non credo che ce la farei a trattenere… Ma sempre se è possibile, eh?"

In preda al panico, chiamò Aurelia con l'interfono: "Puoi venire un attimo sopra per favore?"

"Alberto, guarda che devo fà pipì… È 'na cosa veloce. Vedo il bagno lì di fronte, vado un attimo e…"

"No, no, quel bagno no… Quello è il bagno mio!"

"È solo 'na pipì Albè…"

Nel frattempo era arrivata Aurelia. "Carlo deve andare al bagno…" le disse.

"Ah! Un minuto…" mormorò pensierosa. E si allontanò.

Pensavo "È mai possibile che in questa casa immensa, con cento stanze e cinquanta bagni, sia un problema fare una cazzo di pipì?!!".

Dopo cinque minuti, Aurelia tornò con un enorme mazzo di chiavi. Sembrava una castellana. "Seguimi Carlo…"

Percorremmo una serie di lunghi e bui corridoi. Durante il tragitto riuscii a scorgere qualche divano ancora incellofanato... Sembrava un museo chiuso al pubblico! Dopo cento metri di cammino, arrivammo a una porta. Aurelia iniziò a inserire e provare varie chiavi nella serratura. Al sesto tentativo, finalmente, la porta si aprì. "Prego Carlo... accomodati."

Sembrava che in quel bagno non ci andasse nessuno da una vita. Sul soffitto vidi una ragnatela, sul lavandino c'era una saponetta tutta crepata che sembrava sopravvissuta alla lava di Pompei. Dopo aver fatto la pipì, tirai lo sciacquone che, rumorosamente, gettò fuori acqua ossidata. L'acqua del rubinetto uscì a spruzzi perché il calcare aveva ostruito il filtrino.

Quando uscii trovai Aurelia che stava ferma, come una guardia svizzera, a un metro dalla porta. Insieme a lei percorsi altri cento metri e finalmente ritornai da Alberto, che mi aspettava pronto per uscire.

Da quella visita ebbi un'immagine della personalità di Sordi completamente diversa da quella che offriva in pubblico. Il rigore di un arredamento antico, severo, scuro, perfettamente geometrico, mi faceva percepire un'altra anima. Un'anima riservata, controllata, irrimediabilmente legata al passato e poco propensa al presente. Non ricordo di aver visto un quadro moderno, una scultura astratta o concettuale, un colore che svettasse sugli altri. Per Sordi la casa era una fortezza, un "museo di ricordi" in cui trovava quell'irrinunciabile rigore, disciplina e serenità dopo l'acclamazione della folla.

Sono sempre stato d'accordo con chi descrive il "vero comico" come un "vero malinconico", perché ad ogni azione deve pur corrispondere una reazione uguale e contraria. Questa legge della fisica si adatta perfettamente al carattere di certe personalità dello spettacolo, della musica e dell'arte in genere. Sbaglia chi crede che Sordi fosse "Sordi" anche nella vita privata. Durante le riprese di *In viaggio con papà*, oltre all'inevitabile divertimento sul set e nelle pause, c'erano anche dei momenti in cui emergeva il suo lato oscuro. Tristezza, voglia "di ricordare", paura di non riuscire più a capire la realtà attuale e di non ritrovare più certi valori che l'avevano accompagnato nel periodo più prolifico della sua carriera, prendevano il sopravvento. Era un Sordi disorientato quello che avevo di fronte sulla terrazza dell'hotel a Punta Ala, mezz'ora prima di andare a dormire. Tutte le nostre chiacchierate a fine cena, con una tazza di tisana in mano, vertevano spesso su come diventava sempre più difficile star dietro ad un costume che si modificava continuamente. Una sera mi disse: "Oggi far ridere è veramente un'impresa. E lo sai perché? Perché non c'è più il senso del ridicolo. Guardati attorno... So' tutti mostri! Ma chi ce fà più caso?"

Queste considerazioni, espresse da chi come lui era stato il più grande osservatore di "mostri" nella storia della commedia cinematografica italiana, potevano anche stupire. Personalmente, queste sue insicurezze me lo rendevano invece vero, umano e sincero.

Ebbi la fortuna di pranzare con lui pochi mesi prima che si ammalasse. Andammo in un ristorante di fronte a Cinecittà. Faceva un caldo tremendo e lui era stanchissimo. Accanto a noi c'era un tavolo con una coppia improponibile. La ragazza aveva i capelli con una vistosa ciocca verde e indossava degli hot pants, nonostante avesse delle cosce enormi. Non parliamo dell'accompagnatore... Mentre si asciugava con un fazzoletto il sudore sulla faccia, Alberto mi disse: "Ma nun t'accorgi de niente?"

E io: "Di cosa Alberto? Che quella tipa ha delle cosce come dei prosciutti e non se po' vestì in quel modo? Ma nun se guarda prima di uscì da casa...?"

"Sai qual è il problema Carlo? Che me fai molta tenerezza..."

"Perché?"

"Perché sarà sempre più difficile per voi fare commedie..."

"Non capisco dove vuoi arrivare, perché mi dici questo?"

"Perché nessuno se stupisce più de niente. Non c'è più il senso del ridicolo... Non ci si scandalizza più d'un cazzo. Hai capito?"

Finito di mangiare, uscimmo dal ristorante. Io m'incamminai spedito verso la mia macchina, mentre Alberto mi seguiva lentamente. All'improvviso, *bum!* Scivolò sui gradini del parcheggio. A tre metri da lui stava un posteggiatore che immobile, appoggiato ad una macchina, gli disse: "Se sèmo invecchiati Albè..."

Mentre scendevo dall'auto per soccorrerlo feci al posteggiatore: "Ma potrebbe pure aiutare il signor Sordi a rialzarsi!"

E lui: "Vabbè, tanto ce sta lei che po' aiutarlo..."

Sordi la prese bene perché, una volta rialzatosi ed entrato in macchina, mi ribadì: "Vedi? È come t'ho detto io. Nessuno se stupisce più de niente...", poi lanciò un'occhiata al posteggiatore e sibilò: "Ammazzète che stronzo!"

Fu l'ultima frase che gli sentii dire, perché di lì a poco si ammalò, lentamente e inesorabilmente.

Tra il 25 e il 26 febbraio 2003, una folla silenziosa camminava in fila composta sul Piazzale del Campidoglio. Scorreva lentamente, sotto l'austera statua del Marco Aurelio a cavallo, per poi entrare nell'Aula Consiliare dov'era esposta la salma di Alberto Sordi.

C'erano persone di tutti i ceti e di tutte le età: poveri e ricchi, giovani e anziani, romani e non romani. Quel luogo, ricco di memorie latine, imperiali, creava una strana impressione. Sembrava di assistere all'omaggio che il popolo rendeva al suo Cesare. Un imperatore buono, dal faccione un po' pavido e un po' strafottente le cui gesta sono impresse in chilometri e chilometri di pellicola.

Oggi che non c'è più, mi sento molto responsabilizzato nel mio lavoro. Raccontare e interpretare, anche una piccola parte di quello che ha fatto, è un'impresa quasi impossibile, ma l'esempio che mi ha lasciato nel suo lavoro, nel suo grande rigore nell'affrontare questa professione così ardua e faticosa è stato immenso. Sordi non ha eredi. Solo spettatori ammirati dalla sua arte sublime. Io sono uno di questi.

8

Su Pabst non ha saputo dirmi nulla…
(Lo studio di papà)

Lo studio di mio padre era il classico ambiente di un docente. C'era una scrivania di legno piena di carte, libri e appunti, sulle pareti erano appesi quadri molto belli e importanti di Turcato, Scialoja, Prampolini, Depero e anche un piccolo disegno di Picasso. Il resto della stanza era occupato da tre imponenti librerie stracolme di volumi d'arte, musica, cinema, letteratura varia, enciclopedie. A lungo andare ho capito che mio padre era alla continua ricerca di artisti poco conosciuti, ma di grande talento, su tutti i fronti: dalla pittura alla scultura, dalla letteratura al cinema. Quest'ultimo era sicuramente la sua grande passione però, parallelamente, aveva sviluppato una particolare competenza sulle avanguardie storiche, soprattutto quelle russe e dell'Est Europa. Fu capace di scoprire pittori misconosciuti, appartenenti a movimenti d'avanguardia dinamici che si rifacevano all'esperienza futurista. Questo suo fervore da uomo di cultura a trecentosessanta gradi lo spingeva a intraprendere tanti viaggi, dai quali portava molti cimeli come le marionette delle ombre malesi, antiche statue persiane o una preziosa icona del Quattrocento, regalatagli dalle autorità armene in occasione del conferimento della cittadinanza onoraria per i suoi saggi sul grande poeta Yeghishe Charents.

Essendo un uomo politicamente libero, oltre che stimato, riceveva inviti da tutto il mondo per conferenze. Viaggiare era per lui facilissimo. Faceva i bagagli e andava a Mosca, Berlino, Praga, Budapest, Varsavia, Brno, Bucarest. La sua fama di professore gli consentiva di entrare anche in quei paesi dove non rilasciavano i visti turistici. C'è stato un periodo in cui molti amici mi chiedevano perché mio padre andasse così spesso all'estero, mettendomi delle strane pulci nell'orecchio. Al punto che iniziai a domandarmi, ironicamente, se dietro quel docente si nascondesse in realtà un agente segreto. Invece era semplicemente una persona amata e rispettata.

Ricordo con molto divertimento una volta che mi portò con lui a Bratislava nel 1971, in occasione di un convegno su Fellini. Andammo a pranzo con i capi della cultura del partito comunista cecoslovacco, tra cui il professor Brouzil, il coordinatore culturale. Uno che poteva frequentare tutti i festival del mondo. Durante il pasto, Brouzil e i suoi collaboratori stilarono una lista di alcuni film "meritevoli" di entrare nella Repubblica Ceca. Siccome, per rispetto a mio padre, parlavano tutti in francese, anch'io riuscivo a capire qualcosa... Contenendo a malapena le risate. Praticamente, su cinquanta film provenienti da Italia, Francia, Gran Bretagna, Spagna e Russia la spuntarono soltanto un paio!

"Professore, in questo film ho trovato delle scene scabrose ai limiti della pornografia..." diceva uno.

"Via!" ordinava Brouzil.

“Professore, questo film l’ho trovato invece diseducativo, in quanto evidenzia il deragliamento dei valori dell’Europa Occidentale...” diceva un altro.

“Via!”

“Professore, questo film è superficiale. È un inno al capitalismo...” aggiungeva un altro ancora.

“Via!”

“Questo invece mi sembra meritevole. Durante l’avanzata delle truppe naziste verso Stalingrado, un partigiano cerca di portare in salvo...”

“Perfetto. Questo lo prendiamo!”

Mi divertì tantissimo assistere a quella scenetta che vedeva un severo gruppo oligarchico comunista procedere a un’epurazione di celluloide.

Grazie a mio padre conobbi la Mostra del Cinema di Venezia, tra la fine degli anni Cinquanta e l’inizio dei Sessanta. Ero molto piccolo, ma quelle atmosfere fatte di mondanità, flash, autografi, motoscafi che arrivavano con persone famose e donne quasi sempre bellissime, resteranno nella mia memoria di ragazzino curioso e fiero di quel papà che conosceva così tanti uomini importanti.

In quel periodo mio padre era tra i selezionatori dei film internazionali, nonché l’assistente modello del Direttore di allora: Floris Ammannati. I mesi di agosto e settembre erano per la famiglia Verdone un periodo di gioia, perché ci si trasferiva al Lido di Venezia per circa una quarantina di giorni. Mentre mio padre era completamente assorbito dai suoi compiti di pubbliche relazioni, io, Luca, Silvia (allora piccolissima) e mia madre avevamo le giornate tutte per noi. La spiaggia dell'Hotel Excelsior la mattina, il vaporetto per Venezia il pomeriggio o un parco giochi non lontano da dove abitavamo. Mi piaceva molto quella città attraversata dai canali. Mi divertiva il dialetto comico veneziano, mi affascinavano i vaporetti e le motonavi che avevano nomi che avevo imparato a memoria: Aldino, Concordia, Murano... Credo che fu proprio la permanenza al Lido, per molti periodi estivi, a farmi diventare collezionista di velieri, barche e motoscafi con la pila elettrica. Come Fellini aveva il suo Rex, anche il piccolo Carlo Verdone aveva la sua grande barca preferita. La vedevo a circa duecento metri dalla spiaggia, immobile con le sue vele alzate. Era il Todaro, un veliero sull'acqua, ancorato al molo, che fungeva da ristorante di lusso soprattutto per gli ospiti della Mostra. A Venezia, in quell'epoca, tutto era fastoso ed estremamente signorile: classe e distinzione negli attori e registi vestiti sempre con eleganza, parole a bassa voce nello stabilimento balneare, discrezione nel chiedere autografi e disponibilità assoluta nel darli. C'era come una sorta di rispetto e meraviglia per tutte quelle personalità. Non avevo visto neppure un film di quei personaggi così famosi ma, nonostante tutto, avevo capito che Gina Lollobrigida, Alberto Sordi, Sophia Loren e Vittorio De Sica dovevano essere molto prestigiosi. E così, per essere in sintonia con gli altri ragazzini, mi mettevo in fila indiana e aspettavo il mio turno per avere il loro autografo.

Un giorno ci fu un grande clamore nell'arenile. Molti bagnanti stavano parlando tra di loro, sottovoce, di una cosa molto grave successa la sera prima. Dai miei genitori compresi, durante la cena a casa, l'episodio dello "scandalo". Praticamente, Vittorio De Sica aveva perso circa cinquanta milioni al casinò in meno di due ore! In quegli anni una cifra del genere era immensa e tutti si chiedevano quanti film avrebbe dovuto girare per ritornare in pari. Iniziò quindi a girare voce che De Sica aveva il vizio del gioco e che stava rovinando la sua famiglia.

Papà e mamma al Lido di Venezia, durante la Mostra del Cinema (1953).

Una volta mio padre mi fece accompagnare al Palazzo del Cinema, perché voleva farmi conoscere dei registi importanti. Se oggi posso citare i nomi di questi grandi autori è perché papà si faceva sempre scattare una foto con loro. Erano Akira Kurosawa, Alain Resnais, Marcel Carné, Roberto Rossellini e tanti altri. Aveva anche due scatti con un uomo che m'inquietava per i suoi occhiali scuri e la testa pelata. Pensavo fosse un "grandissimo regista", invece era il critico Luigi Chiarini, famoso per stroncare tutti con parole molto velenose. Papà era molto grato a Chiarini perché, grazie a lui, ebbe la possibilità di entrare come studioso del cinema al Centro Sperimentale di Cinematografia. Era stato il suo maestro ma, fortunatamente, non assorbì da lui quella severità proverbiale che lo rendeva odioso a tanti cineasti.

Una sera mio padre tornò di corsa nella nostra casa al Lido. Era affannato, sudato e fuori di testa. Si buttò sul letto senza cenare. Era chiaro che non sarebbe andato alle proiezioni. Dalla mia camera lo sentii urlare: "Mi sono rotto i coglioni! Basta, non posso morire per questa Mostra!"

Mamma si chiuse in camera con lui e iniziarono a parlare sottovoce per molto tempo. Il giorno dopo seppi il motivo per cui papà aveva reagito in quel modo. Era successo che il drammaturgo russo Arthur Adamov, famoso per le sue commedie grottesche ed assurde, era giunto a Venezia con un aereo proveniente da Mosca. Il compito di mio padre era di riceverlo ed accompagnarlo all'Hotel Des Bains, ma Adamov si presentò all'uscita in modo indecente: con i pantaloni sbottonati e la camicia di fuori. A papà dovette sembrare già ubriaco alle undici di mattina. Gli disse che un motoscafo era pronto per portarlo al Lido e, quindi, in hotel. Invece Adamov andò verso il bar e si attaccò a qualsiasi alcolico vedesse sugli scaffali. Dopo un'ora, barcollando, senza pronunciare una parola né di inglese né di francese, fu quasi spintonato verso il motoscafo. Durante il tragitto si addormentò. All'arrivo vomitò e fu portato in stanza da un paio d'inservienti dell'albergo.

Inutilmente lo attesero per portarlo al Palazzo del Cinema. Fu trovato che dormiva ancora vestito sul letto, con una puzza di vino nauseante per tutta la suite che gli avevano riservato. L'ufficio stampa della Mostra s'inventò che Adamov aveva la febbre e che non avrebbe potuto assistere alla proiezione e all'incontro con i giornalisti. L'ordine di Ammannati fu perentorio: "Mettetelo sul primo aereo e mandatelo via!"

Mio padre, in sostanza, era l'addetto che si doveva occupare di quell'artista tragico e devastato. Dalle parole di mia madre capimmo che, per quindici ore, era stato in ansia per gli appuntamenti saltati e i finti comunicati per salvare Adamov da quell'immagine di alcolizzato. La mattina alle sette, su ordine di mio padre, Adamov venne prelevato di forza e buttato dentro una macchina che l'avrebbe portato prima ad un motoscafo e poi all'aeroporto. Durante il tragitto chiese insistentemente di vedere la Tour Eiffel e di voler fare un giro per Parigi! Una volta arrivati all'aerostazione, Adamov scomparve e l'aereo partì senza di lui. Lo trovarono seduto sul water di un gabinetto, addormentato, con la testa appoggiata sulla parete. Gli tirarono l'acqua in faccia e lo portarono in un ufficio. Anche lì si addormentò di nuovo. Alle sei del pomeriggio fu finalmente scaraventato sul primo aereo.

Fu così che il grande avanguardista Arthur Adamov fece il viaggio di ritorno. Degno di una delle sue commedie dell'assurdo. Un inutile, lungo viaggio, dove per un attimo pensò di stare addirittura a Parigi. Mio padre, stando al suo seguito, pensò invece di essere in un incubo senza fine. Adamov morì suicida dieci anni dopo. Evidentemente, tutti quei comportamenti estremi erano dovuti a una grande sofferenza interiore.

A Venezia, insieme ai flash, agli smoking bianchi, ai sorrisi, ai capelli ben pettinati e impomatati, iniziarono a comparire personaggi come Adamov. Le avanguardie bussavano prepotentemente ai Festival...

Mio padre era imprevedibile. All'improvviso usciva dallo studio e chiamava noi fratelli a rapporto per dirci: "Ragazzi, oggi andiamo al Circo Massimo a giocare a pallone!". Quello era un momento fantastico perché lo vedevamo diventare uno di noi. Giocava in canottiera, si scatenava e sudava come un dannato rincorrendo il pallone. Però era anche l'uomo che la domenica mattina ci proponeva la

Mio padre dirige *Immagini Popolari Siciliane*:
il suo primo documentario (1952).

Galleria D'Arte Moderna per studiare un po' di pittura. Noi eravamo comunque felici, perché era affascinante gironzolare per le grandi sale piene di quadri e di gente sofferma ad attribuire un senso alle opere che ammiravano. Eravamo letteralmente ammaliati dalla semplicità di mio padre nel spiegare le correnti pittoriche, l'evoluzione dell'arte, il passaggio dal classico a moderno, dal figurativo all'astratto, fino ad arrivare al suo amato Futurismo. Temendo che non avremmo capito l'importanza di quelle formidabili opere d'arte presenti in casa, ci spiegava il senso di una scultura di Ceroli, di un quadro di Picasso, Boccioni o Balla. Grazie a lui so decifrare e penetrare perfettamente la corrente futurista, ma devo ammettere che amo la pittura di fine Ottocento; non solo quella francese degli Impressionisti, ma anche quella italiana. Mi piacciono tantissimo i macchiaioli per la grazia del tocco, per la strenua ricerca dell'*emozione* e della *sensazione*, per la tecnica chiaroscurale. Tanti scenari presenti in quei dipinti li ho visti dal vivo durante la mia infanzia e adolescenza, perché andavo spesso in vacanza nel grossetano, sul litorale tirrenico tra la Toscana e il Lazio. Erano paesaggi, colori e situazioni che ho vissuto e che ho visto filtrati in maniera sublime da Giovanni Fattori, Odoardo Borrani, Silvestro Lega. Ho una particolare predilezione per Giuseppe De Nittis, un artista considerato dalla critica ingiustamente "minore", anche perché era nativo di Barletta. Invece era assolutamente "europeo" e usava il colore in maniera atipica per la nostra cultura. Mi piacciono anche l'Astrattismo italiano degli anni Cinquanta di Toti Scialoja, la scuola romana di Sironi e Scipione. L'artista che più mi affascina è però Francis Bacon, perché nelle sue ricerche sulla defigurazione c'è un percorso tormentato, inquietante, oscuro, malato e deformato che mi attira irresistibilmente. "La grande opera d'arte è quella che turba" diceva Braque. Bacon ne è l'esempio lampante.

Andare al cinema con mio padre era stupendo perché mi portava a vedere sempre film comici o di azione. Non c'erano alternative, ma la cosa mi andava benissimo perché erano generi che piacevano molto anche a me. Papà era drogato di Jerry Lewis, rideva sempre come un matto, adorava le sue smorfie e la sua comicità basata sui gesti e sulla concatenazione di eventi catastrofici. Gli piacevano tantissimo i western con John Wayne, Glenn Ford, Gary Cooper, Walter Brennan e Richard Widmark. Vedere quei film con lui era troppo divertente perché, nel momento topico del duello finale, veniva colto da un raptus di immedesimazione nell'eroe protagonista. All'improvviso si alzava dalla sedia e – incurante degli altri spettatori – prima incitava "Vai! Vai! Vai!", poi mimava l'estrazione della pistola facendo "Bang! Bang! Bang!". Sparava e interagiva anche lui con gli attori, trasformandosi da serioso professore di storia del cinema in un pazzo! In quei momenti capivo quanto avesse dentro di sé il senso del cinema, anche nell'accezione più emotiva e viscerale. Ma anche quanto fosse rimasto un "bambino entusiasta".

Amava John Ford, Howard Hawks, Alfred Hitchcock, Fritz Lang e anche i kolossal. Tra gli italiani svettava su tutti Fellini, mentre considerava Alessandro Blasetti come un Cecil B. De Mille nostrano per la sua grande visione d'insieme. C'è poi un regista – di cui preferisco non dire il nome – che considerava uno dei più grandi abbagli critici. Uno di quei nomi che non si possono dire...

Due sono i cinema che resteranno nel mio cuore. Due sale delle quali ora resta, purtroppo, soltanto il nome. Erano quelle dove solitamente andavamo lui ed io: il Capranica, dalle poltrone in velluto rosso, che si trovava in un elegante palazzo dell'omonima piazza, e l'America in Trastevere, con le sedie in legno, di stampo più "popolare".

Con la crisi di pubblico nei primi anni Ottanta e l'avvento dei multiplex negli anni Novanta (sempre più lontani dal centro di Roma), per questi e tanti altri cinema, il destino era segnato. Con la loro fine si appannano molti dei miei ricordi sul più bel periodo della mia vita, che s'immedesimava in ciò che vedevo sullo schermo. La chiusura di una sala cinematografica, alla fine, è come perdere un pezzo di memoria storica. Una "biblioteca dell'immagine" che non viene più consultata è un danno culturale immenso. Ancora più triste è lo sfregio che hanno subìto quei luoghi: il cambio di destinazione d'uso.

Ancora oggi mi chiedo se un giorno la sala cinematografica cesserà la sua funzione. Difficile dare una risposta. Anche se la malinconica immagine finale del film di Peter Bogdanovich, *L'ultimo spettacolo*, mi angoscia. Perché una fila di sedie smontate e accatastate da parte significherebbe che abbiamo scelto la solitudine al posto di un'emozione condivisa.

All'età di tredici anni mi piaceva entrare da solo nello studio di mio padre. Sembrava che ogni muro di quella stanza trasudasse cultura e sapere, le pareti erano come foderate di libri. Ero attirato da quelle librerie, da quel numero immenso di volumi, tutti di colore diverso e ben disposti sulle mensole. Una volta, alzando lo sguardo verso gli ultimi ripiani, notai due libri dal titolo molto eccitante per un ragazzino della mia età: *L'érotisme au cinéma*. "Ma che è quella roba là?" pensai.

Preso da un fremito indescrivibile mi armai di scala, salii in fretta e li afferrai. Li appoggiai sulla scrivania, iniziai a sfogliare velocemente le pagine e capii subito che contenevano delle foto incredibili che, a quei tempi, non avrebbero mai trovato una pubblicazione in Italia. Ecco perché papà li aveva riposti così lontano da eventuali sguardi indiscreti... Contenevano illustrazioni per adulti!

Corsi subito a chiamare i fratelli Baldi, gli amici del piano di sopra, insostituibili compagni di giochi e bravate. "Ragazzi venite! Ho trovato dei libri spinti!" dissi loro tutto trafelato ed emozionato.

Ogni girata di pagina era una sorpresa che lasciava tutti a bocca aperta. Era un "Oooooh" continuo. Brigitte Bardot, Juliette Greco, Sofia Loren... Tutte a seno nudo in film di cui non conoscevamo neppure l'esistenza. A quel tempo non possedevo un minimo di cultura cinematografica, però quei due libri m'invogliarono non poco ad approfondire. Completamente esaltato per la scoperta, provai a cercare disperatamente altri libri simili ma, purtroppo, non ce n'erano. Dovetti accontentarmi di quei due volumi francesi, ben impaginati e illustrati che – giustamente – non potevano essere letti da un bambino della mia età.

Papà è stato sempre severo con me, non mi ha mai fatto sconti. Neppure quando stavo al Centro Sperimentale, con lui docente di Storia del Cinema. La sera prima dell'esame decisi di corromperlo sfacciatamente. Entrai nel suo studio e gli dissi: "Papà mi raccomando... Domani interrogami su Fellini e Bergman, va bene?"

Lui si tolse gli occhiali e annotò quanto gli avevo detto su un foglietto. "Va bene. Esci e chiudi la porta" mi rispose.

Chiudendo la porta alle mie spalle pensai "Speriamo che si ricordi tutto..."

Il giorno dell'esame la sala era piena di studenti, ce n'erano un centinaio e alcuni provenivano anche da altre facoltà. Finalmente venne il mio turno, mi accomodai e lui mi sparò subito un domandone sul cinema espressionista tedesco e, in particolare, su Pabst! Incredulo di quanto stava accadendo, gli sussurrai: "Bergman."

"Eeeeh?" fece.

"Brgmn" gli dissi tutto smozzicato, sperando che nessuno ascoltasse.

"Non capisco!" rispose alzando un po' la voce.

Provai a fargliela capire con il movimento delle labbra, ma niente. Passò qualche minuto.

"Va bene Verdone, allora sull'Espressionismo e Pabst non ha saputo dirmi nulla. La invito a presentarsi alla prossima sessione" concluse come se io fossi un estraneo.

Tremendamente imbarazzato, restai immobile a fissarlo. "Cosa aspetta? Vada pure!" mi disse con tono incalzante.

Mentre uscivo dall'aula tutto mortificato, gli studenti che sapevano del nostro legame familiare mi guardavano sbalorditi. Uno aprì le braccia come a dire "Pazienza", un altro mi fece capire che forse mio padre stava un po' fuori di testa. La sera, appena rientrò a casa, gli urlai: "Papà ma che cacchio mi hai combinato? Mi hai rimandato l'esame a ottobre! Ma sei pazzo? Ho fatto 'na figuraccia!".

"Carlo, ma non hai visto com'era piena l'aula?" iniziò a spiegare con tono affettuoso. "C'era tantissima gente e ho dovuto fare la parte del professore autorevole... Dai, la prossima volta preparati bene Pabst."

"Ma vaaaaa!" esplosi, sbattendo poi la porta.

Da quando ho iniziato a fare il regista, mio padre ha sempre sostenuto che il mio miglior film fosse *Borotalco*, perché era una commedia degli equivoci all'americana, frizzante, ritmata, con efficaci colpi di scena, bene interpretata e dalla sceneggiatura felice. Per essere benevolo mi disse: "*Borotalco* mi ha ricor-

dato certe cose di Frank Capra, ma non ti montare la testa perché lui sta sempre molto, molto, molto più in alto di te!".

Negli ultimi anni, ogni qualvolta vedeva un film, mi telefonava per darmi il solito giudizio sconsolato: "Anche oggi ho visto un'altra stronzata!".

Odiava l'ultimo cinema italiano perché era poco concreto, ma non faceva sconti neppure al cinema americano che – secondo lui – stava vivendo brutti tempi. L'ultimo film che vide fu *Across the universe*.

Centro Sperimentale: lezione di regia con il direttore della fotografia Mario Bernardo (1974).

Mi chiamò, tutto entusiasta, per dirmi che aveva visto un film di pura poesia e con canzoni meravigliose. In quelle parole sentii un uomo di novantuno anni, molto moderno e aperto al nuovo.

Io e Luca nello studio di papà.

9

Benvenuto Carlo… Ciài proprio un gran Gregorio!
(La sala da pranzo)

La sala da pranzo aveva un valore particolare per me. Probabilmente era il posto più importante di tutta la casa. Come tutte le altre stanze, dava sul bellissimo terrazzo che, a quei tempi, era tra i più belli della città. Era il classico terrazzo romano ad angolo retto, aveva una vite americana, due alberi di limoni, allori, un nespolo, ciclamini, gelsomini, piante di cedrina e mentuccia e tutto intorno vasi pieni di fiori. Infine una veduta mozzafiato che abbracciava il Gianicolo, il Tevere, San Pietro, Palazzo Farnese, la Sinagoga e anche i Castelli Romani. Era qualcosa di spettacolare.

In quella stanza ci hanno dormito i miei genitori, appena sposati. Mio padre Mario era un giovane studioso, un intellettuale, ma non era di famiglia ricca. Nacque da un colpo di fulmine, in quel di Siena, da Assunta Casini (ricamatrice in conventi di suore) e Oreste Verdone, un chimico napoletano, in missione militare da quelle parti. Nonno Oreste morì sotto i colpi dei cannoni austriaci sul Monte Grappa, appena mio padre venne alla luce. Nonna Assunta fece molti sacrifici per crescere il bambino e farlo studiare, anche perché

Io con l'elmetto sul terrazzo (1953).

Con mia figlia Giulia sul terrazzo (1996).

le ultime parole del nonno, prima di partire per il fronte furono: "Assunta, anche se i tempi saranno duri, anche a costo di contrarre debiti, fai studiare il bambino... altrimenti andrà incontro al nulla". La nonna mantenne la promessa e, tra mille sforzi, riuscì a farlo studiare e laureare in Legge e in Scienze Politiche.

La fortuna di mio padre fu che a Siena conobbe persone colte e di livello: il critico d'arte Cesare Brandi, l'attore Alfredo Bianchini, Franco Zeffirelli, il pittore Piero Sadun e altri ancora. Era sempre immerso nell'arte e in quegli anni iniziò a scrivere articoli per *La Nazione* di Firenze e *Il Campo* di Siena. Si cimentò anche nelle prime recensioni e nei primi saggi su cinema e teatro, ma guadagnava pochissimo perché era pagato con estremo ritardo. Scriveva molto bene e già s'intravedeva la sua passione per le arti figurative. Norberto Bobbio – suo professore e relatore della sua tesi di laurea – ebbe un enorme peso nella sua formazione, ma il problema di un intellettuale, per quei tempi, era l'impossibilità di essere un buon partito per una donna.

Mia madre, Rossana Schiavina, era figlia di una famiglia borghese, molto benestante, composta dal padre Aldo, segretario nazionale dei Monopoli di Stato, la madre Fernanda e i fratelli Corrado, Gastone ed Ermanno. Dopo il matrimonio, i miei andarono a vivere nella casa in via Lungotevere dei Vallati, data in affitto dal Vaticano, nel 1930, alla famiglia di mia madre, come ho già detto. Attraverso quelle mura sono trascorsi ottant'anni di vita appartenenti sia alla famiglia Schiavina, sia ai Verdone.

Nacqui nella sala da pranzo il venerdì del 17 novembre 1950, alle ore dieci e diciassette, dopo aver fatto penare mia madre con un travaglio, si dice, di trentasei ore. Nessuno dei familiari riusciva ad accettare quella data di nascita così sinistra, compreso mio padre. "Ma questo bambino è nato il diciassette novembre ed è pure di venerdì. O Santo Dio, cosa possiamo fare?!!" dicevano tutti.

Mentre si pensava agli effetti nefasti che avrebbe scatenato quella data nella mia vita futura, mia madre ebbe l'idea di chiamarmi Carlo, il santo al quale si era rivolta nelle sue preghiere. Mio padre, con motivazioni assai meno sacre, aggiunse: "Lo chiameremo Carlo Gregorio!". Per i romani il nome Gregorio porta fortuna. Quando si dice "Ciài proprio un gran gregorio!" significa che hai un gran culo. Oggi, all'età di sessantuno anni, devo ammettere che quella soluzione fu decisamente buona, perché nella mia vita ho avuto anche tanta buona sorte.

Mi aiutò a nascere una levatrice, la signora Pazzaglini. Di lei ho ritrovato alcune fotografie, era una tipica donna del primo Novecento, aveva un cappello come Mafalda di Savoia, fisico imponente e sguardo autorevole. Era famosa in tutta Roma per la sua abilità e anche perché, all'epoca, le cliniche erano poche. Anche se i rischi c'erano sempre, la presenza di una buona levatrice era un'ottima raccomandazione che le cose potessero andare bene. Diciamo che devo la mia nascita anche un po' alla sua esperienza e al suo talento.

Purtroppo, per tre anni filati non ho dormito e, di

conseguenza, anche i miei genitori. Il mio sonno notturno durava pochissimo e, quando mi svegliavo, piangevo ininterrottamente. Mia madre iniziò ad allattarmi, ma dovette interrompere perché le venne un esaurimento nervoso. Su ordine perentorio del suo caro amico Carlo Traversa, famoso psicanalista, fu portata di forza ad Anzio per un periodo di riposo lontano da casa. In sua assenza si presero cura di me nonna Fernanda, zia Lina e le tate Angelica e Zelinda che, a turno, mi cullavano cantandomi tutto il repertorio

In braccio a mia madre.

delle ninne nanne... senza ottenere risultati soddisfacenti. Continuavo a piangere come un ossesso e nessuno riusciva a capirne il motivo. Poi un giorno, per puro caso, qualcuno accese un lumino vicino al mio letto e notò che riuscivo ad addormentarmi. Il tragico problema, che stava mandando sull'orlo della follia tutta la casa, era in realtà la mia paura del buio, e un banale *abat-jour* risolse tutto in un baleno! Quella luce vicina al mio lettino, quella stellina vitale, benevola e rassicurante ha accompagnato i miei sogni fino al-

Appena nato, cullato dall'orgogliosa nonna Fernanda.

l'età di otto anni. Stranamente, oggi devo abbassare tutte le tapparelle per dormire nel buio più totale.

Questo episodio fu il primo sintomo della mia ipersensibilità, che in futuro si sarebbe sviluppata in forte emotività, sia in eventi felici che dolorosi. Devo dire che oggi riesco a controllarmi molto bene, grazie al lavoro e ai buoni consigli di tanti amici cari. Inoltre diventare padre e avere delle responsabilità, mi hanno portato a maturare in fretta e ad accantonare certe fragilità.

Da giovane nutrivo grande rispetto per i miei miti del cinema. Ricordo benissimo una cosa che mi successe nell'inverno del 1971. Mentre stavo attraversando Ponte Sisto per andare a riprendermi il motorino dal meccanico, dall'altro lato vidi un uomo col bavero del cappotto alzato, la sigaretta in bocca e i capelli disordinati. Nonostante camminasse con la testa china, lo riconobbi subito: era Gian Maria Volonté. Avevo visto da poco lo splendido *Indagine su un cittadino al di sopra di ogni sospetto*, senza contare l'ammirazione che nutrivo anche per i precedenti film di Sergio Leone. Rimasi per un po' interdetto, poi decisi di vincere la mia proverbiale timidezza. Sarebbe stato bellissimo comunicargli l'enorme stima che avevo nei suoi confronti. Lo raggiunsi alle spalle e, col cuore che mi batteva, lo chiamai: "Signor Volonté..."

Niente. Aveva una faccia che metteva soggezione. "Scusi, signor Volonté..." riprovai armato di coraggio e voce.

Si voltò di scatto, fulminandomi con uno sguardo severissimo. Al punto tale che mi venne spontaneo alzare le mani come a dire che non ero armato! "Mi scusi tanto. Volevo soltanto dirle che la ammiro tantissimo come attore... Solo questo" dissi con tono misurato.

"La ringrazio. Lei è molto gentile" rispose, distendendo il suo sguardo con un leggero sorriso.

Poi chinò la testa signorilmente, come di chi ha gradito. Gesto che ricambiai chinando l'intero busto con eleganza. Poi, senza alcuna stretta di mano, ci salutammo con un sorriso.

Oggi invece è tutto diverso. La celebrità, il "mito", appartiene al fan. Sei proprietà sua. Sei un'icona sulla quale ci si può cliccare sopra con una botta sulle spalle. Sei un antidepressivo privo di effetti collaterali, i cui benefici devono essere immediati. Sei da catturare al volo, da immortalare sul desktop di un cellulare. In qualsiasi momento: quando mangi, mentre esci dal bagno di un aeroporto (cosa che mi è capitata più di una volta), mentre leggi il giornale in un bar. Talvolta succede che di colpo ti viene incollato un cellulare all'orecchio e ti senti dire: "Carlè dai! Fammi un saluto al volo alla mia ragazza!"

Nell'inverno del 2006, mi capitò un fatto incredibile. Ero in sella alla mia moto e stavo attraversando Ponte Mazzini. Era l'una di notte. Il semaforo diventò rosso e dovetti frenare. Dietro di me sentii il rombo smarmittato di una moto in avvicinamento. Improvvisamente mi arrivò una violenta pacca sulla spalla. "Ma li mortacci tua! Carletto bello! Mamma mia, ciò davanti er mito dei miti!" mi urlò sguaiatamente un coattone.

Frastornato, fabbricai un sorriso e con voce pacata gli risposi: “Ti ringrazio. Grazie veramente...”

Ma quello non mollava. “Com’è che fai quando chiami *nonnaaa!* Rifammelo un po’, te prego!”

“Ma che me metto a fà in mezzo a ‘na strada... No, dai”

Lui nel frattempo aveva tirato fuori un cellulare e composto un numero. Speravo tanto che il semaforo potesse venirmi in aiuto, ma niente. Era sempre rosso.

Dopo qualche secondo urla al telefono: “A Frà, ‘ndovina chi ciò davanti? Er mito. Carlo Verdone! Mo’ te lo passo che te fà *nonnaaa!*”

“Ma no dai! Che mi metto a fare...”

Intanto i clacson di alcune macchine ferme dietro strombazzavano per avvisare del semaforo verde. Niente. Quello mi stava sempre addosso.

“A Cà, glie devi fà *nonnaaa*! Daje, è ‘n amico. Me lo mandi a letto contento. E daje!”

Disperato, accennai al Mimmo di *Bianco, rosso e Verdone* che dice con voce sgranata *nonnaaaa!*

Dopo quell’esibizione umiliante gli riconsegnai il cellulare pronto a fuggire. “Ma er pezzo delle gambe nun glielo fai? Daje su, è ‘n amico. Me lo mandi a letto contento” aggiunse.

Dietro di noi esplosero i clacson delle auto ferme, in attesa che ci togliessimo di mezzo. Stavamo bloccando il ponte e cominciavano pure a volare i vaffanculo. Senza scampo, ripresi il cellulare e recitai: “Basta nonna co’ ‘ste gambe! E allungaglie le gambe e ristendiglie le gambe e riallungaglie le gambe. Io te le taglierei quelle gambe!"

Finalmente soddisfatto e incurante delle urla che arrivavano dalla fila di auto bloccate, il tizio esplose in una risata. "Nun c'è niente da fà... Sei er mejo!"

Poi s'infilò il casco, ingranò la marcia e, affrontando una curva a gomito, mi urlò da lontano: "A Carlè! Grazie pe' avemme dato er sorriso a n'adolescenza de merda!"

Nonostante l'avessi odiato per tutto il tempo, quella frase finale mi colpì profondamente. Perché dentro di essa era forse racchiuso il potere comunicativo di tanti miei lavori, ma anche la constatazione che il "mito" oggi non può pretendere alcuna distanza, seppur minima, dal suo ammiratore.

Sono lontani i tempi del mio incontro discreto con Gian Maria Volonté, dove il personaggio noto viveva ancora in una sfera di rispetto, di piccolo o grande carisma. Emanando ammirazione e quel tantino di soggezione che non guasta. La colpa di tutto ciò è forse della televisione, che nel corso degli anni ha fatto del suo meglio per togliere autorevolezza a qualsiasi cosa. Puntando a un salotto, di tipo condominiale, dove tutti sanno tutto di tutti. Un posto in cui non possiamo sottrarci di andare perché la regola è diventata "Se non ci vai non sei nessuno".

Fortunatamente, Monteverde Vecchio, la zona dove vivo adesso, è diventata un'isola felice perché ormai mi sono integrato. Per la gente non sono più il celebre Carlo Verdone, ma un residente del quartiere che – come tutti gli altri – va al bar, compra il giornale in edicola e va tranquillamente in farmacia.

Dopo la morte dei nonni materni, i miei si trasferirono in quella che sarebbe stata la stanza da letto definitiva. La sala da pranzo, però, fu subito impegnata per un'annosa questione. Il fratello di mia madre, Gastone, era un uomo affascinante, un valido architetto e ci sapeva fare con le donne. Per dirla tutta era un incallito playboy, frequentava il bel mondo e gli furono addirittura attribuiti flirt con Silvana Pampanini e Marie Laforet. Aveva il suo studio in via Margutta e la sua clientela annoverava gente molto importante come Anthony Quinn, per il quale progettò le case di Los Angeles, Velletri e Marino. Lavorava con molti imprenditori industriali napoletani e appena possibile fuggiva a Capri, un luogo che aveva molto a cuore. Gli piaceva fare il perfetto caprese perché si metteva sempre seduto al tavolino di un bar della piazzetta, con i pantaloni bianchi, la camicia sbottonata, la Stop senza filtro ben sistemata in una mano e il bicchiere pieno nell'altra. Soffriva di una malformazione vascolare congenita che gli provocava fortissimi mal di testa che cercava di alleviare prendendo esagerate quantità di Optalidon.

Si sposò con una bellissima donna di Forlì e poco dopo nacque una bambina, Daniela. Ma da quel momento cominciarono furibondi litigi che portarono i

Zio Gastone, il playboy della famiglia Schiavina (1938).

due a una fulminea separazione, per di più senza un reale motivo. Mio padre mi raccontò di una lite a Roma nata, paradossalmente, da un loro tentativo di riappacificazione. Pare che la notte dormirono insieme d'amore e d'accordo e la mattina si svegliarono con una tragica partita a sberle! Da quel giorno la moglie ritornò definitivamente a Forlì e Gastone supplicò mia madre di ospitarlo per un po'. Ottenuto il prevedibile consenso, lo zio s'insediò da noi come il guappo in casa di Totò ne *L'oro di Napoli.* Gastone aveva dei tempi tutti suoi, tornava alle due di notte dopo aver trascorso ore e ore in qualche caffè di via Veneto, la mattina si svegliava alle undici e si faceva portare in camera colazione e quotidiano. Questo atteggiamento faceva andare mio padre su tutte le furie, perché lo trovava prepotente e destabilizzante.

Per fortuna lo zio capì presto che doveva andare via, perché la famiglia Verdone si stava ingrandendo. Era il 1958 e stava per nascere mia sorella Silvia. Mestamente, fece armi e bagagli e lasciò casa per andare a vivere in via Margutta con una nuova compagna dolce e paziente: Liliana. Dopo la sua partenza, quel vano diventò finalmente la nostra sala da pranzo.

Un elemento fondamentale di quella stanza è stato il tavolo, perché lì attorno si riuniva l'intera famiglia a ora di pranzo e cena. Mio padre rincasava puntuale all'una e mezzo, appena superata la soglia d'ingresso

Mamma con i fratelli Gastone, Corrado ed Ermanno (1939).

faceva sempre un fischietto per avvisare tutti noi di metterci a tavola. Si parlava tanto, si litigava, si rideva, si discuteva della scuola e tenevo banco io perché prendevo sempre brutti voti nelle materie scientifiche. Silvia mangiava sempre poco, Luca invece si abbuffava di pasta, lasciando i nostri piatti semivuoti. Su quel tavolo sono nati i miei primi sketch, li scrivevo tutti lì sopra perché avvertivo un'energia particolare che mi sosteneva nel furore creativo. I testi venivano fuori con una rapidità incredibile e impiegavo non più di mezz'ora per scriverli, compresi quelli celebri della telefonata notturna o degli italiani che ritornano da Marte. Spesso mi affiancavano mio fratello e Pierluigi Ferrari (la spalla dei miei sketch) in veste di spettatori; a loro affidavo il compito di giudicare la qualità di ciò che elaboravo. Una volta creata la voce adatta al personaggio, mi esibivo e poi – secondo le risate che sentivo – scrivevo la battuta. E così andavo avanti, utilizzando la mia insostituibile penna a biro perché non ho mai sopportato il rumore meccanico della macchina da scrivere. Quel tavolo mi portò talmente tanta fortuna che decisi di scrivervi sopra anche *Un sacco bello* e *Bianco, rosso e Verdone*... Pure in quel caso non mi ha tradito!

Devo confessare che quel mobile ha vissuto anche un evento piuttosto *hard*. Durante il periodo universitario, prima che mi fidanzassi, ero totalmente invaghito di una ragazza. Mi piaceva non tanto per il viso, quanto per il suo corpo e per le sue gambe pazzesche. Portava delle minigonne mozzafiato e il mio sguardo non poteva scansare quello spettacolo così conturbante. Un giorno, approfittando dell'assenza di tutti, la invitai a casa, la feci accomodare nel salone e misi sul radiogiradischi Schaub Lorenz la terza facciata del triplo album di *Woodstock* per farle ascoltare *With a little help from my friends* nella magnifica versione di Joe Cocker. Durante il brano lei si appoggiò al tavolo, dirigendo gli occhi verso il balcone. Credo che guardasse il Gianicolo. Aveva volontariamente assunto una posizione provocante, perché il suo busto era quasi del tutto adagiato sul tavolo, mentre la minigonna lasciava vedere un po' gli slip.

A quel punto decisi di vincere ogni forma di timidezza e l'abbracciai alle spalle con passione. Lei non oppose resistenza, si lasciò baciare e… accadde ciò che speravo dovesse accadere! Ancora oggi non riesco a capire come feci a essere tanto spudorato, anche se quell'esperienza fu tutt'altro che sensuale perché rasentò la comicità. Avevo vent'anni ed ero ancora molto impacciato, però ne conservo un bel ricordo perché – oltre ad essere stato un evento particolarmente eccitante – fu il mio primo vero "atto di coraggio" nei confronti di una donna.

Ma se quella fu un'azione spudorata, la successiva sarebbe stata qualcosa di più… Nel 1975 conobbi una ragazza che seguiva i corsi di mio padre all'università. Era appassionata di cinema francese e adorava Godard e Malle. Quando veniva a casa mia, cercavo sempre di chiuderla nella mia stanza per pomiciare un po', ma lei era riluttante perché temeva che mio padre potesse all'improvviso aprire la porta. Siccome lavorava come segretaria in uno studio legale, nella zona di Monte Mario, decidemmo di sfruttare i momenti di quando l'avvocato stava fuori per lavoro. Finalmente capitò la grande occasione: il suo capo sarebbe andato a Bologna per un convegno. In preda all'eccitazione ci infilammo nello studio. C'era una massiccia scrivania di legno, sulla quale vi erano appoggiati fascicoli, libri e una macchina da scrivere. Mentre lei si spogliava, sgombrai tutto in fretta e furia. Nel giro di pochi secondi tutti i nostri vestiti erano sparsi per la stanza e noi due spalmati, nudi, sulla scrivania.

Fu un qualcosa di grandioso. Epocale. Ma nel momento *clou*, improvvisamente, si sentì il sinistro rumore di una chiave che entrava nella serratura. Ebbi soltanto il tempo di esclamare: "Porca puttanaaa!"

Nel giro di venti secondi infilai mutande e camicia senza abbottonarla. Misi le scarpe al volo e i calzini in tasca. Infine afferrai pantalone, giaccone e chiavi del motorino, aprii la finestra e mi buttai di sotto. Meno male che era un piano rialzato, altrimenti mi sarei fracassato le ossa.

I passanti videro un uomo in mutande scappare via in moto come un ladro. Per rimettermi in ordine i vestiti, dovetti trovare riparo in via Della Camilluccia, in un boschetto sulle pendici di Monte Mario. La mia amica, in procinto di diventare la mia fidanzata, fu licenziata il giorno dopo. Non ci sentimmo più per la vergogna.

10

Quella misteriosa signora dentro casa

In casa nostra viveva una persona alla quale ero particolarmente affezionato. Una figura che ancora oggi considero misteriosa, nonostante sia entrato in possesso di alcune lettere chiarificatrici. La chiamavano zia Lina, era molto bella ed elegante, aveva i capelli bianchi raccolti e un viso dai lineamenti nobili. Questa ipotetica zia, in realtà, non era la sorella di nessuno. Mi dicevano, in maniera assai poco convincente, che fosse la dama di compagnia di mia nonna. Ancora oggi, non so per quale motivo questa signora di Vicenza, tanto raffinata e perbene, fosse così affettuosamente legata alla nostra famiglia. Nei miei riguardi era dolcissima e il suo ricordo è per me un'eterna carezza che ancora oggi mi sfiora l'anima. Quando ero piccolo uscivo spesso con lei, mi portava al cinema, mi comprava i gelati e la cioccolata Perugina, che all'epoca era il massimo. Il suo affetto per mia madre era sconfinato, speciale, quasi di devozione. Sono tutte circostanze che mi hanno sempre fatto interrogare su questo legame, su questa pseudo parentela, e ancora oggi ci sono tanti punti oscuri.

Da alcune lettere rinvenute recentemente ho cominciato a capire qualcosa di lei. Ce n'è una in particolare, indirizzata a sua madre, scritta in stile ottocentesco che dice:

Gentile signora, è vivamente pregata di non mettere mai più piede in questo ospedale. La bambina gode di ottima salute ed è già stata assegnata ad una famiglia. Quindi la piccola Lina sarà allevata da una coppia di genitori che l'accoglierà con amore donandole tranquillità e agiatezza. Non insista oltre e non si faccia mai più vedere, altrimenti andrà incontro a dei problemi di tribunale. È l'ultima lettera che vi scrivo.

La firma è indecifrabile, ma non è importante. Dalla semplice lettura mi viene da pensare a due casi: o Lina nacque da una relazione extraconiugale, che all'epoca non sarebbe mai stata tollerata, oppure sua madre era affetta da un grave disturbo psichiatrico. Fatto sicuro è che a quella donna fu brutalmente strappata la bambina, per affidarla a una famiglia veneta più agiata e sana. Questa lettera fa luce su un dramma molto toccante, quasi da romanzo d'appendice: quello di una donna alla quale tolsero il diritto di maternità.

Grazie a zia Lina cominciai a frequentare la sala cinematografica. Mi ci portava un paio di volte a settimana, sempre al primo spettacolo. Sceglieva in genere film storici o mitologici dove, con gli occhi sgranati, tifavo per le prodezze di Ursus o di Maciste. Il grande schermo mi affascinava e intimidiva allo stesso tempo. Questo mi portava spesso a ragionare su

La misteriosa ed amorevole Lina Ferrari.

quanto dovevano essere importanti quegli attori che vedevo su quell'immenso lenzuolo bianco. Della sala cinematografica mi piaceva tutto: i velluti rossi o verde scuro delle poltrone, le tende pesanti che si chiudevano appena si spegnevano le luci, il venditore di bibite e caramelle in divisa porpora. Soprattutto m'incantava il soffitto della sala che magicamente, tra un tempo e l'altro, si apriva meccanicamente per ripulire l'aria dal fumo di sigaretta. Le sale, a quei tempi, erano eleganti e ben tenute. Era quindi ovvio che quell'attraente "tempio dell'immagine" potesse trasmettere un po' di soggezione e disciplina in un ragazzino vivace come me.

Insomma, si era trovato il modo per farmi distrarre e calmare. Zia Lina non poteva lontanamente immaginare che quel suo rituale premuroso, giorno dopo giorno, lentamente, seminava dentro di me quella passione che, nel tempo, mi ha fatto diventare ciò che sono oggi.

La morte di zia Lina fu per me un dolore immenso e insopportabile. Mia madre si preoccupò molto della mia reazione perché non mangiavo più e mi nascondevo continuamente per casa, dietro le porte, sotto i letti e dentro gli armadi, rimanendoci anche ore. Era come se volessi tumularmi anch'io insieme a lei. Con il persistere di quei miei comportamenti, scrisse una lettera a Gabriella Camuccini, la sua migliore amica:

Mamma con la sua migliore amica, la contessa Gabriella Camuccini-Ceccopieri (1942).

Cara Gabriella, sono seriamente preoccupata per Carletto perché non ha sopportato la morte di Lina. Tale sofferenza la manifesta con atteggiamenti inquietanti. Non mangia, non dorme e si nasconde dappertutto. L'ho fatto visitare da un ottimo neurologo, il Prof. Vacchini, il quale ha detto che il bambino è affetto da "Melancholia obscura".

Melancholia obscura era un vecchio termine ottocentesco utilizzato per indicare quella che oggi chiamiamo depressione. Fortunatamente, la mia fu una depressione di natura traumatica e non d'indole, per cui riuscirono a curarmi con il Neurobiol pediatrico, un farmaco oggi in disuso, contenente un leggero barbiturico. In quel periodo i miei genitori cercarono di starmi vicino il meglio possibile e grazie alle loro tenere attenzioni riuscii gradualmente a superare quella sofferenza.

Solo da grande ho saputo che zia Lina (per l'esattezza Lina Ferrari) non era una parente, bensì un'amica, con molti misteri, che si era fatta ben volere dalla nostra famiglia per la sua amorevolezza. Per dimostrare la sua gratitudine fece un regalo inaspettato a mia madre: un appartamento di sua proprietà in via Nicolò V, nei pressi della Basilica di San Pietro.

11

L'altarino dei defunti

Come in alcune case romane, anche nella mia c'era un posticino appartato dove vi era sistemato un altarino dedicato ai defunti. In un angolo della dispensa c'era una lucetta perpetua, a forma di fiamma, che illuminava le fotografie dei nostri cari: nonno Aldo, nonna Fernanda, zia Lina e amiche di mia madre. Vicino alle foto c'erano dei vasetti pieni di fiori presi dal giardino del terrazzo. Ogni giorno mamma aveva l'accortezza di cambiare acqua e fiori; un gesto di dolce rispetto nei confronti di persone che avevano lasciato qualcosa di bello e incancellabile.

Sin da quando ero bambino, mamma voleva che l'accompagnassi al cimitero. Appena varcata la soglia del Verano, iniziava a raccontarmi le storie delle tombe più importanti e delle relative famiglie. Mentre percorrevamo i viali costeggiati dai cipressi, improvvisamente si fermava, m'indicava una cappella monumentale e con rispettosa voce bassa mi diceva: "Vedi Carletto, quella tomba è di una famiglia ricchissima, ma purtroppo morirono tutti quanti molto giovani. Conobbi l'ultimo rimasto ed era una gran brava e devota persona". Poi passava a un'altra cappella: "Questa è una famiglia di Milano, colpita da un immenso dolore per la morte del figlioletto. Aveva appena due anni e lasciò in loro un vuoto e una tristezza incolmabile... La cappella fu costruita per lui.". Si andava avanti così, tra baronesse, gerarchi fascisti, comuni eroi di guerra, ragazzini morti prematuramente e altre storie malinconiche.

C'è chi entra nel cimitero con grande tristezza, io invece ho avuto con quel luogo un rapporto sempre sereno e familiare. Adoravo passeggiare nei vialetti più silenziosi e appartati, vedere la luce del sole filtrare attraverso le foglie degli alberi, soffermarmi a guardare le tombe più antiche o quelle abbandonate. Cambiavo l'acqua nei vasi, disponevo i fiori, pulivo la lapide con uno straccetto e dicevo le preghierine.

Grazie a mia madre e a quel rituale iniziai ad approcciarmi con più distensione all'inevitabilità della morte. Ancora oggi ho l'abitudine di andare al cimitero e ho cercato di tramandare l'usanza a mio figlio Paolo. Mi fa piacere quando decide di accompagnarmi, perché ci vedo la condivisione di affetti, un certo *trait d'union* e in parte rivedo anche un po' di me da piccolo. Come me, anche lui cambia l'acqua ai fiori, recita le sue orazioni e talvolta mi pone le stesse domande che rivolgevo io a mia madre. Solo che gli racconto le storie più poetiche. Di certo non di quando a Roma, durante la guerra, si levò un fetore nauseabondo perché un bombardamento aveva devastato, scoperchiandole, le tombe del Verano.

In tanti miei film c'è la presenza del cimitero, eppure non so spiegarne bene il motivo. So soltanto che ci deve essere. Forse saranno i residui di quella *Melancholia obscura* che mi diagnosticarono da bambino… O il delicato ricordo della devozione di mia madre. Non saprei.

12

Le quattro meraviglie dell'universo (La mia camera da letto)

Prima che diventasse mia, questa camera ospitò la salma di nonno Aldo. Nonna Fernanda – sua moglie – morì molto presto, un paio d'anni dopo la mia nascita, per cui non riesco neppure a metterla a fuoco. Nonno Aldo invece lo ricordo meglio, perché all'epoca della sua scomparsa avevo quattro anni. L'immagine di lui è quella di un uomo elegante ed affettuoso che si accompagnava con un bastone. Ogni pomeriggio mi portava due dobloni di cioccolato e così, quando rincasava, gli correvo incontro fiducioso che non avrebbe tradito le mie golose aspettative. Aprivo la mano e lui vi posava i due dobloni, poi mi dava un'affettuosa carezza prima che fuggissi a mangiare quei buonissimi cioccolatini. Era un momento di grande felicità e tenerezza. Mi rallegrava tanto quando, al suo rientro in casa, mi chiamava col suo accento bolognese: "Mascalzoneee! Dov'è il mascalzone?"

Nonostante fossi un bambino, non riuscii ad accettare la sua scomparsa e a metabolizzare il dolore. Fu terribile per me vederlo disteso sul letto, pallido, col vestito scuro, circondato da quattro candeloni e con un viavai di suore che a turno venivano a prega-

Mamma sposa, con il padre Aldo (1949).

re per la sua anima. Per questo motivo mi portarono via, impedendomi di partecipare al funerale. Fu il mio primo incontro con i fatti dolorosi della vita.

Poco tempo dopo mi stabilii in quella stanza che, presto, diventò il contenitore delle mie passioni, dei miei suoni, del mio mondo. Destino volle che il balcone affacciasse non solo a pochi metri dalla finestra di Alberto Sordi, ma anche sul terrazzo di Sergio Tofano (il leggendario Signor Bonaventura), tanto simpatico e garbato. Lo vedevo spesso camminare avanti e indietro, con la sua vestaglia bordeaux, mentre pensava e ripeteva le battute dei personaggi che doveva portare in scena. Mia madre lo adorava. Ogni volta che lo vedeva, salutava mandandogli un bacio e lui rispondeva facendo altrettanto. Aveva anche preso l'abitudine di lanciare sul mio terrazzo delle caramelle al miele perché mamma, parlandoci da ringhiera a ringhiera, gli aveva detto che ne ero ghiotto.

La mia era la stanza della musica, altro che dello studio! Penso sempre allo scaffale pieno di long playing e al mio fido giradischi Dual, con i due altoparlanti sistemati su due mensole in alto. Ho sempre amato il supporto di vinile, sin da piccolo ero affascinato dai dischi a 78 giri che aveva mia madre: Louis Armstrong, Harry Belafonte, Spirituals, la clavicembalista Wanda Landowska. Volevo sempre pulire i dischi e riporli nelle loro semplici custodie di carta bianca, con il buco nel mezzo che faceva vedere l'etichetta. Ero stregato dal fatto che dall'altoparlante di un giradischi potesse fuoriuscire "miracolosamente" musica. Mi sentivo un po' come il cane vicino al grammofono, il celebre marchio della casa discografica *La voce del padrone*.

Una buona parte della mia collezione musicale la devo alla generosità di zio Gastone. Quando decidevo di acquistare un disco (che allora costava millecinquecento lire) andavo puntualmente a trovare lo zio nel suo studio in via Margutta. Lui intuiva subito la vera ragione della mia visita e mi regalava cinquecento lire. E pensare che lo zio mi spinse a fare una cosa pazzesca! Un giorno mi disse: "I dischi non vanno conservati con le copertine, ma devono essere sistemati in pila l'uno sopra l'altro. Così...". E mi fece vedere.

"Ma sei sicuro?" risposi diffidente.

"Ma certo, i dischi si conservano così. Via quelle copertine, buttale!"

Madonna mia, se oggi avessi ancora quelle copertine la mia collezione di vinili sarebbe andata a un'asta, ma siccome cercavo di imitare lo zio in tutto, mi feci trascinare in quella stronzata colossale!

Quando mio padre andava all'estero, gli affibbiavo commissioni particolari tipo l'acquisto di album a tiratura limitata o con copertine diverse da quelle dell'edizione italiana. Peculiarità che per i collezionisti erano un valore aggiunto.

Sparavo sempre la musica a tutto volume e mio padre, puntualmente, mi gridava: "Carlooo, abbassa 'sta musica che non riesco a scrivere!". A lui si accodava poi mia madre: "Carlooo, abbassa il volume che non riesco a correggere i compiti!". Poi seguivano Luca e Silvia, più o meno con la stessa disperata richiesta.

Sulla parete destra della stanza c'era un lungo armadio con tutti i miei vestiti. Sulle ante vi erano attaccate le fotografie delle mie fidanzate di liceo e di università, comprese quelle che mi avevano mollato. La maggior parte di loro erano straniere perché vicino casa c'era il Pallotti, un albergo frequentato spesso da giovani turiste che prima abbordavo e poi mi ci fidanzavo. Ricordo l'olandese Gidia, la francese Marie Line e, soprattutto, l'inglese Claire, che frequentava il prestigioso college di Ascot, nella stessa classe di Carolina di Monaco. In seguito a uno smodato corteggiamento, Claire cedette a un mio invito e così la portai una sera sotto il faro del Gianicolo, con il chiaro intento di pomiciare. Eravamo dentro la Fiat 132, sottratta a mio padre con l'inganno e a fare atmosfera c'era un vecchio registratore Sanyo dentro il quale avevo infilato una musicassetta con brani selezionati di Donovan e Bob Dylan. L'avrei baciata sulle note di *Colours*, di Donovan, ma quel brano non arrivava mai... Premevo continuamente i tasti di avvolgimento nastro senza alcun successo. Dopo mille tentativi, all'improvviso attaccò *Colours* e in quel momento la baciai. Poco dopo provai ad allungare timidamente le mani, ma appena Claire vide la mia im-

Sul Tamigi con Marie Line, la mia fidanzata d'Avignone (1972).

branataggine, abbandonò il suo fare snob e m'invitò chiaramente a darci dentro con un eccitantissimo "Come on Carlo!".

In un istante mi tolsi la camicia e ribaltai il sedile. Purtroppo, sul più bello, arrivarono un casino di auto e moto rombanti e con gli abbaglianti accesi. Da quei mezzi scesero molti ceffi da galera che iniziarono a conversare, urlando a squarciagola, con i loro parenti e amici, rinchiusi nel carcere di Regina Coeli, distante circa duecento metri in linea d'aria. "A Zingarooo, guarda che i limoni n'erano maturi! Tocca passà a l'aranci!" gridò in codice tale Er Tricheco al detenuto.

A quel punto pensai che sarebbe stato meglio tagliare la corda di corsa. Anche Claire era d'accordo, perché aveva voglia di continuare, ma in un posto meno affollato e sguaiato. Neppure il tempo di accendere l'auto ed ecco che uno di quei figuri mi si affacciò al finestrino. "A bello, me fai suonà un po' 'r clacson? Devo fà 'n segnale a 'n amico che sta 'n cella" mi chiese.

Spaventato gli diedi il permesso, ma non avrei immaginato di dover attendere anche una risposta dalla lontana cella che... arrivò dopo ben mezz'ora! Sfortuna volle che, insieme alla risposta, arrivassero anche due pantere della polizia a sirene spiegate. In un secondo tutti quei malandrini svanirono. Rimasi solo, con gli agenti che iniziarono a domandarmi cosa facessi lì con quelle persone, ed io a spiegare – tutto intimorito – che avevo soltanto prestato il clacson a uno sconosciuto che doveva mandare un messaggio a un suo amico chiuso a Regina Coeli. Vedendo il mio imbarazzo e la mia faccia rossa e sudata, gli agenti capirono che stavo dichiarando la verità e mi fecero andare via dopo il riconoscimento di rito. Siccome Claire non aveva i documenti, dovetti andare subito dopo al commissariato di zona per esibire il passaporto della ragazza. Inutile sottolineare l'amarezza per una serata iniziata bene e terminata in modo miserabile.

Nonostante le premesse, quelle ragazze straniere erano per me amori reali. Spesso, dopo la loro partenza, le andavo a trovare affrontando spese impegnative e viaggi terrificanti. Purtroppo con Claire fu una delusione cocente perché, una volta arrivato a casa sua (nel Surrey), mi aprì la porta il suo fidanzato! Fu davvero penoso perché quel giovane mi riaccompagnò pure alla stazione. Rividi Claire molti anni dopo a Roma, ai tempi di *Borotalco*. Si era sposata e – secondo me – aspettava un bambino. Provammo entrambi una certa emozione nel rivederci. Dopo un lunghissimo abbraccio ci salutammo teneramente per l'ultima volta.

Sulle pareti della camera non potevano mancare foto e poster dei Pink Floyd, The Who e, ovviamente, del grande Jimi Hendrix. C'era anche un poster enorme dei Beatles, stampato in occasione del concerto allo Shea Stadium del 1966, che mi portò mio padre da New York. Lo aveva "personalizzato" facendo stampare nei *credits* "With Carlo Verdone in Person". Da purista non sono mai stato particolarmente entusiasta di quell'aggiunta, però sapevo che mio padre l'aveva fatto con la convinzione di rendermi felice.

Poco tempo fa, durante la preparazione del trasloco, ho ritrovato in un cassetto l'oggetto più prezioso della mia adolescenza, quello che testimoniava il più bel periodo della mia vita: un grosso album di ritagli e fotografie dei Beatles. Allora raccoglievo tutto ciò che riguardava il gruppo come farebbe oggi una ragazzina fanatica di una qualche boy band. A quei tempi c'era una sola rivista di musica capace di fornire informazioni sui nostri artisti preferiti: *Big*. Era la nostra bibbia, sempre piena di notizie sulle uscite discografiche imminenti e riccamente illustrata con bellissime immagini che i normali giornali non avevano. Terminata la lettura, ritagliavo con cura le foto dei Beatles e le inserivo nell'album. Era una raccolta impressionante, divisa in sezioni alle quali attribuivo titoli ideati da me come "I più grandi del mondo", "Lennon immenso", "Le quattro meraviglie dell'universo". Il titolo dell'ultima pagina aveva un enorme significato e testimoniava qualcosa di molto profondo e anche spirituale: "Accompagnate i momenti più belli della mia vita". In quella frase c'era tutto lo spirito degli anni Sessanta. Erano gli anni della felicità, delle risate, degli amici, dell'ascoltare e fare musica. Erano soprattutto gli anni in cui ti emozionavi nell'ascoltare una canzone che ti

Il mitico poster, "personalizzato" da papà.

SID BERNSTEIN
presents THE 1966 RETURN OF THE
BEATLES
IN PERSON
WITH
IN PERSON
CARLO VERDONE
TUES. 7:30
AUG.
23
ONE
SHOW
ONLY
ALL STAR CONCERT
SHEA STADIUM
NEW YORK CITY
BROADWAY "NAME" POSTERS, 200 W. 48 ST. at BROADWAY, N Y C

avrebbe accompagnato per tantissimo tempo, scandendo un'epoca allegra e colorata, durante la quale eri sempre innamorato. Ogni album era l'occasione per fare a gara con la mia fidanzata quindicenne. Lei era però più brava, perché il padre andava spesso in Inghilterra o in America e le portava riviste e fotografie introvabili. Nel rivedere quell'album, col titolo scritto a penna, ho provato una dolce e struggente emozione.

In un angolo della stanza c'era una chitarra Framus ricevuta in regalo da Francesco Anfuso, un mio compagno del ginnasio che diventò in breve tempo il mio migliore amico. Come me, anche lui era appassionato di musica rock e suonava la chitarra. Un'estate andò in vacanza in Inghilterra e da lì mi scriveva, raccontandomi ogni cosa. I posti che visitava e la musica che sentiva. In una di quelle lettere, mi comunicò con entusiasmo di avermi comprato l'allora epica chitarra elettrica Framus, che da qualche tempo desideravo. Avrebbe dovuto consegnarmela a settembre e, invece, una mattina di agosto, appresi dal giornale che Francesco era morto in un incidente d'auto sul Gran Sasso. Rimasi sconvolto. Sapendo della forte amicizia che ci legava, la madre, una contessa ungherese, mi regalò alcune sue cravatte e mi diede poi la chitarra. La conservo ancora oggi gelosamente… insieme al tenero ricordo di quel grande amico.

Il mio guardaroba non era strabordante di vestiti però – come tanti ragazzi della mia età – seguivo un po' le mode del tempo e mi recavo spesso a fare ac-

quisti in un negozio che vendeva roba usata americana. Si chiamava Nino Bello ed era situato in via Marsala, vicino alla stazione Termini. L'omonimo proprietario era un autentico pazzo, molto romano e aveva un'età avanzata che cercava goffamente di camuffare con una parrucca dai capelli lunghi. Il locale era composto di quattro stanze piene zeppe di roba che, per noi giovani *alternativi*, era un miraggio! L'assortimento era di quelli che tiravano: jeans sdruciti, pantaloni di velluto super aderenti, camicie a scacchettoni con i bottoncini americani, giacconi militari e divi-

Francesco Anfuso. Quindici anni... Così pochi.

se mimetiche. Tutte cose che si vedevano addosso ai gruppi musicali più in voga. Da Nino Bello entravi in un modo e ne uscivi in un altro. Ti sentivi veramente fico e pronto per diventare qualcuno.

Durante il periodo natalizio, in camera mia si allestiva il presepio. Mamma ci teneva tantissimo a farlo e, da parte mia, ho mantenuto viva la tradizione fino a quando ho abitato in quella casa. Era un presepio meraviglioso, composto di statue ottocentesche provenienti dalla famiglia di mia madre, curatissimo in ogni dettaglio. La notte mi addormentavo guardando tutte le lucine delle casette, delle lanterne, dei

Con Luca, vicino alle lucine dell'albero di Natale (1955).

fuocherelli e delle stelle. A quell'età avevo superato il problema del buio, però la compagnia di quei lumini mi faceva comunque piacere. Finito Natale, dopo che era stato smantellato tutto, a notte fonda sgattaiolavo nel salone, aprivo le persiane e m'incantavo a guardare il faro del Gianicolo che emanava a ripetizione tre colori di luce: rossa, verde, e bianca. Ero capace di restare ore a fissare quelle luci intermittenti che, oggi, definirei psichedeliche.

Ancora adesso, quando attraverso periodi di forte inquietudine, sistemo le lucine natalizie in camera. Devo ammettere che funzionano ancora benissimo perché mi conciliano il sonno.

13

A un passo dalla morte con una caramella Rossana in gola

Mi trovai a un passo dalla morte già a quattro anni, quando mi si bloccò in gola, intera, una caramella Rossana e – senza chiedere aiuto – cercai inutilmente di sputarla. Fortunatamente mia madre mi trovò vicino alla caldaia, cianotico, con gli occhi rovesciati, ed ebbe l'intuito di infilarmi un dito in bocca spingendo giù la caramella.

Non a caso ho citato la caldaia, che molti anni dopo sarebbe diventata protagonista di un evento tragicomico che avrebbe potuto farci morire tutti. Era l'inverno del 1973 e faceva un freddo cane. Dopo aver pranzato tutti insieme, ognuno di noi si ritirò in camera propria; i miei a riposare e noi fratelli a studiare. Mentre leggevo, cominciai ad avvertire un fastidioso mal di testa che aumentava sempre di più. All'inizio cercai di resistere, ma quando il dolore diventò intollerabile entrai nella stanza dei miei supplicando di chiamare un medico! Quando mia madre constatò che avevo le pulsazioni a quaranta, chiamò subito un'ambulanza. Nel frattempo arrivò anche il professor D'Agostino, il nostro bravissimo medico di famiglia, amico dei miei di lunga data. Il medico di pronto soccorso notò che avevo le pupille molto dilatate, ma il professore ebbe la grande intuizione. "Scusate, ma voi non sentite nulla nell'aria?" chiese a tutti i presenti. "Qua c'è un odore strano". Incredibilmente nessuno riusciva a sentire nulla...

"Spalancate subito tutte le finestre! Fate entrare aria!" ordinò tutto allarmato.

Io ero ridotto malissimo, il dolore era talmente violento che tentai veramente di farla finita lanciandomi contro la finestra sperando di rompermi la testa. Invece mi ferii la fronte col vetro. All'improvviso mi venne un attacco di vomito e persi i sensi. Non so cosa mi somministrarono, ma quando mi svegliai vidi che tutta la mia famiglia era a letto con quell'atroce mal di testa. Fu un pomeriggio assolutamente drammatico. Poiché mi sentivo un po' meglio, sorvegliai affinché qualcuno non si lasciasse prendere da istinti suicidi, come avevo fatto io prima. Eravamo tutti in preda ad un'intossicazione da monossido di carbonio, causata da esalazioni provenienti da un buco nella caldaia.

Seppur in maniera più lieve, quel mal di testa mi durò la bellezza di tre mesi. Non riuscii a preparare gli esami all'università perché non potevo abbassare o alzare la testa. Fu una gran brutta esperienza che ricordo ancora con lo stesso terrore.

14

Lei sarà anche un importante futurista, ma è un gran maleducato!

L'imitazione, lo scherzo, il prendermi gioco di amici e parenti sono stati sempre una mia costante. Mi resi conto delle mie potenzialità in quarta elementare. Ero innamorato di Ludovica Cerini, una compagna di classe biondina, molto dolce e con un bel neo sul viso. Per fare colpo su di lei, imitai in aula la maestra Bernardette Giordano, suscitando numerose risate. Quell'esibizione mi fece intuire di avere buone capacità di comunicazione con una platea, grazie a una semplice imitazione. Col passare del tempo la mia timidezza andò scomparendo, fino a quando, durante gli anni del ginnasio, non raggiunsi un livello di totale disinvoltura. La goliardata, l'osservazione e la riproposizione di un tic, diventarono il mio punto di forza per risultare simpatico ai compagni di scuola.

A quei tempi si poteva fumare in classe, per cui iniziai a imitare il modo di maneggiare e aspirare la sigaretta dei vari docenti. Iniziai a prendere di mira Diego Folliero, il maestro di matematica che diceva *icssss* e *iupssssilon*, con una esse sibilata. Era un pugliese di origini napoletane e la sua severità ottocentesca, quel volto sempre burbero, quei suoi comportamenti tipici da maestro meridionale di memoria *verghiana*, lo portarono ad essere tra i più temuti della scuola... E ancora oggi me lo sogno di notte!

Un altro mio *must* era padre Crocitto, l'insegnante di religione, il quale amava ripetere con quel classico tono placido e sdolcinato: "L'universo è come un orologio in cui le particelle si muovono cronometricamente, fino a svelare il suo incanto". Ogni volta che lo imitavo, i miei compagni scoppiavano a ridere dicendomi sempre: "Sei un grande Carlo, devi fare l'attore!"

Le migliori performance cominciai a farle con gli scherzi telefonici. Non a caso, nei miei sketch e nei miei film è spesso presente il telefono. La scena di una telefonata richiede sempre qualcosa in più, occorre un tempo di recitazione perfetto, la ricerca dello stupore, dell'incazzatura, dell'interferenza. Agli inizi aiutavo i compagni di scuola timidi a fare le dichiarazioni d'amore alle ragazze. Le chiamavo al telefono imitando le voci dei "pretendenti"; stavo anche ore a parlare dando il meglio di me stesso. Ero sempre garbato, raffinato, creativo, e spesso riuscivo nell'intento di rimorchio. Poi iniziai con gli scherzi... talvolta anche terrificanti.

Zio Corrado era una persona precisa e raffinata, ma tendeva ad aprire discorsi lunghi e articolati anche sugli eventi più banali. Il suo modo di essere avrebbe ispirato, in parte, il personaggio di Furio in *Bianco, rosso e Verdone*. Il giorno in cui riuscii a imitare perfettamente la sua voce, decisi di fare uno

Liceo Nazareno, quarto ginnasio. Sono il quarto da destra, in piedi (1965).

scherzo a mio padre. Una sera, verso le undici, nel bel mezzo di un pauroso temporale, salii dai fratelli Baldi e telefonai a casa mia. "Buonasera Mario, sono Corrado" dissi, appena mio padre rispose.

"Ah, ciao Corrado! Ma dove sei?"

"Sono bloccato in aeroporto per lo sciopero dei taxi. Ti devo chiedere la cortesia di venirmi a prendere perché non so come fare."

"Ma non c'è neppure l'autobus?"

Il fatto che mio padre continuasse a parlare era segno di riuscita dello scherzo.

"Ma quale autobus? Lo sciopero è totale" proseguii. "Mario, sono disperato, domani alle otto ho un appuntamento importante al quale non posso mancare."

"Va bene, rimani là che ti vengo a prendere" e attaccò.

Mentre i fratelli Baldi sogghignavano, io rimasi letteralmente impietrito perché non potevo credere che papà avesse abboccato all'amo. Feci passare ancora qualche minuto, poi decisi di uscire allo scoperto per dirgli che era tutta una cazzata. Troppo tardi, perché lo sentii aprire il portone. "Papà!" urlai uscendo sul pianerottolo.

"Non posso Carlo! Sto uscendo per una rottura di coglioni!" rispose, chiudendo poi il portone.

Scesi le scale di tutta corsa, pensando che avevo commesso una grande stronzata. Uscii in strada, cercando malamente di ripararmi dalla pioggia torrenziale, e finalmente raggiunsi mio padre nei pressi del garage dove teneva l'auto. Aveva l'ombrello aperto e sotto l'impermeabile si vedeva chiaramente che indossava ancora il pigiama.

"Fermati papà, è uno scherzo! Ero io zio Corrado!" dissi tutto ansimante e bagnato fradicio, mentre l'espressione di mio padre mutava sull'incazzato.

"Ma vai a pijartela in der culo!" strillò. Poi, agitando minacciosamente l'ombrello, m'inseguì per un buon tratto di via dei Pettinari.

Quando mamma seppe dello scherzo, le venne teneramente da ridere... Ma si preoccupò pure, perché mio padre in quel periodo soffriva di pressione bassa e alzarsi dal letto, per andare in auto fino a Fiumicino, sarebbe stato per lui uno sforzo enorme.

Una volta feci uno scherzo magnifico. Mio padre aveva da poco pubblicato l'ennesimo volume sul Futurismo e così pensai di elaborare qualcosa che lo potesse far andare su tutte le furie. Mi rinchiusi in una stanza e lo chiamai dalla seconda linea telefonica. Parlando con accento toscano, mi presentai come vecchio, catarroso, pittore futurista di un paesino vicino Siena, profondamente indignato per non essere stato citato nel libro.

"Ma lo sa che il mio stile ha ispirato Boccioni ne *La città che sale*?" dissi.

"Se quanto riferisce è vero, le chiedo scusa. Purtroppo il suo nome davvero non riesco a ricordarlo" replicò costernato.

"Ma che cazzo di studioso è mai lei? Si vergogni!" infierii, mentre mio padre restava in totale silenzio.

"Pensi che Argan e Ballo mi hanno dedicato dieci pagine in alcuni loro volumi!"

"Le chiedo umilmente scusa, ma anche per uno studioso ci può essere un momento di vuoto..." si giustificò con un filo di voce.

"Lei non ha avuto alcun vuoto, lei è semplicemente rincoglionito!" gridai con esaltazione.

A quel punto mio padre perse le staffe. "Ma come si permette?" attaccò. "Adesso sta esagerando! Mi ha rotto i coglioni con questo turpiloquio!"

Iniziò un botta e risposta esagitato e pieno d'insulti. "Lei allora è un grande stronzo incompetente!" feci io.

"Stia al suo posto lei! Sarà anche un importante futurista, ma è un grandissimo maleducato!"

"Io sarò maleducato, ma lei è un professore di mezza tacca!"

"E allora mi porti una pubblicazione dove parlano di lei! Io non l'ho mai sentita nominare porca miseriaaa!"

La conversazione mantenne questo tenore per altri dieci minuti, poi mio padre, esausto, agganciò il ricevitore quasi spaccandolo. "Ma vedi 'sto vecchio rincoglionito, stronzo, che si permette di dire certe cose!" sbottò fra sé. "Ma poi chi l'ha mai sentito nominare..."

Pochi secondi dopo uscii dalla stanza e, con tono preoccupato, chiesi a mio padre cosa fosse successo. "Ha chiamato un vecchio imbecille rancoroso, un certo Carucci, Tirucci, Terucci... Io non so neppure chi sia 'sto futurista!" rispose ancora tutto arrabbiato.

“Ma che ti ha detto?” domandai.

“Ha detto che non l’ho citato nel mio libro… Ma chi lo conosce!”

“Ma papà, tu devi stare attento a certe cose. Il fatto che tu non lo conosca non significa che quel pittore non esista” lo bacchettai con calma.

Senza aggiungere altro, mio padre andò alla libreria, afferrò un volume della Treccani e si mise a cercare con rabbia la voce su quel fantomatico pittore. Mentre sfogliava le pagine mormorava: “Ma che devo stare attento… io i futuristi li conosco tutti. Questo secondo me è soltanto uno stronzo! È soltanto un mitomane che…”

“Hai ragione papà, quel tizio è soltanto uno stronzo e sai perché?” lo interruppi.

“Perché Carlo?” chiese, speranzoso di trovare almeno una mezza verità riguardo quel pittore.

“Perché sono io quel pittore. Sono io che ti ho fatto uno scherzo!” e iniziai a ridere.

Papà sbatté a terra con furia il volume della Treccani facendolo a pezzi. Stava sulla lettera F di Futurismo. “Ma sei scemo?!!… Mi hai fatto venire la pressione alta!” sbraitò, tentando invano di colpirmi con un libro mentre fuggivo di corsa dallo studio.

Un giorno però, quando avevo diciotto anni, alzai il tiro e feci uno scherzo sbagliato, bestiale. A dir poco tragico. Una sera che i miei andarono all’Opera decisi – con la complicità di Luca – di simulare una rapina con scasso e ferimento!

Spalancai la porta di casa, rovesciai il tavolino dell'ingresso, appoggiai a terra la statuetta di un San Giovannino del Seicento che stava sul *trumeau*, sparsi dei libri lungo il corridoio e con una conserva di pomodoro, diluita con acqua, disegnai col pennellino degli schizzi di sangue un po' dappertutto. Ma l'azione scellerata non finì là… Siccome c'era il ripostiglio dei vestiti, chiuso da due tendine che arrivavano a circa cinque centimetri dal pavimento, pensai bene di sistemare un paio di scarpe in modo da rendere l'idea di qualcuno nascosto lì dentro. Appena sentimmo i miei rientrare, Luca ed io ci nascondemmo. Mentre salivano la rampa di scale che portava all'appartamento, mia madre esclamò: "Mario, la porta è aperta! La porta è aperta!"

Mio padre iniziò a urlare: "Oddio! Porca puttana! Rossana chiama i carabinieri! Carlooo! Lucaaa! Silviaaa!"

Con slancio coraggioso, papà entrò in casa e nel momento in cui vide gli schizzi di sangue, disse con voce strozzata: "C'è del sangue… C'è del sangue!".

Sentendo quelle parole, mia madre crollò sull'uscio di casa in preda a una sincope. Assistendo a quell'imprevista reazione, uscii dal nascondiglio e, proteggendomi il viso, cercai di tranquillizzare dicendo: "È tutto a posto, stiamo tutti bene! Ho sbagliato… Ho sbagliato! Scusatemi!"

Mio padre capì tutto e non esitò un istante a to-

Una letterina alla mamma... Promesse raramente mantenute (1961).

Domenica 14 Maggio 1961

Cara

mamma ti auguro i miei più affettuosi
auguri spero che tu sia felice e contenta
sempre. Oggi ho fatto queste proposte, di
essere diligente a scuola di non fare arrab=
biare papà la signorina e Maria.
Non solo io ti mando gli auguri ma
anche. la signorina, Maria, e babbo
Le promesse che ho fatto cercherò
di mantenerle il più allungo possi=
bile. Mille bacetti e tanti auguri
di felicita, dal tuo figlio.. Carlo

gliersi la solita cintura dei pantaloni per mollarmi una tremenda fibbiata sul sedere. Poi entrò in camera mia, scaraventò tutti i miei dischi sul pavimento, distrusse con un calcio il mio bel giradischi Dual e mi cacciò fuori di casa. Nel frattempo, Luca si era sigillato nella sua stanza e Silvia si era appena svegliata per il trambusto. Nell'uscire vidi mia madre riversa a terra e, quando tentai di avvicinarmi, con un filo di voce sussurrò: "Cretino... cretino... cretino."

Appena vidi mio padre arrivare di corsa per menarmi, pensai che sarebbe stato meglio darsela a gambe levate. Vagai per strada fino alle due di notte, ma il pensiero di quanto avevo fatto passare ai miei poveri genitori m'indusse a rientrare. Aprì la porta mia madre e, fissandomi con uno sguardo che non dimenticherò mai, mi ordinò: "Vai subito in camera tua e restaci... E non ci riprovare mai più!"

Senza dire una parola eseguii. Restai segregato in camera per due giorni, ricevendo i pasti dalla porta senza una parola. Avevano ragione perché mamma si sentì davvero male. Nella mia incoscienza, pensavo che nel vedere quella situazione da thriller avrebbero invece reagito con una risata. Tuttavia fu uno scherzaccio congegnato benissimo... Con una messinscena assolutamente criminale.

Quinta elementare, con la maestra Bernardette.
Sono il terzo in piedi, da sinistra (1958).

Una foto di classe. Sono davanti alla maestra Bernardette (1958).

15

Le collaboratrici domestiche di casa Verdone

Fino al termine degli anni Sessanta le cameriere che si occupavano della casa, venivano chiamate "donne di servizio". Fisse o a *part time*, quello era il nome della loro mansione. Successivamente si coniò un nuovo termine che restituisse, giustamente, a quel lavoro che svolgevano, una maggiore dignità: collaboratrici domestiche. Sembrava più corretto e meno subalterno.

A casa Verdone, la "donna di servizio" o "collaboratrice domestica", fu rappresentata da un'autentica compagnia teatrale di donne molto diverse tra loro. Ognuna aveva delle peculiarità tali da lasciare tracce indelebili dentro di tutti noi fratelli. Affetto immenso, quasi materno, in alcune. Turbamento erotico o follia totale, in altre.

Negli anni Cinquanta potevamo permetterci ben due donne di servizio. Una era Angelica e dormiva da noi, fissa. L'altra si chiamava Zelinda, faceva mezza giornata, era incaricata della cucina e, spesso, di portarci in giro il pomeriggio quando non poteva farlo Angelica.

Zelinda ci faceva ridere sempre perché aveva un occhio molto storto, con la palpebra aperta a metà. Non si riusciva neppure a capire se guardasse a destra o a sinistra, e finivamo sempre per riderle in faccia. Lo so, non era molto educato, ma il suo viso era una maschera irresistibile... Anche per gli amichetti che giocavano a casa nostra. Zelinda veniva da via dei Cappellari, vicino a Campo de' Fiori. Era una donna del popolo e portava quella saggezza romana ormai non più rintracciabile nell'anima di questa città. Generosa, devota e gran lavoratrice nonostante fosse un po' claudicante. Più di una volta ho pensato che il prete di *Un sacco bello* potesse provenire, inconsciamente, dal suo ricordo estetico: l'occhio bacucco, il passo malfermo... Lavorò per noi fino al 1960, perché dovette poi occuparsi della madre molto malata. Già a quei tempi, Zelinda mi sembrava piuttosto anziana. Poi, nel 1988, la rincontrai! Era anzianissima, ma sempre piena di un'incredibile energia. Ci abbracciammo con tanto amore e la riempii di baci. Poi le chiesi: "Come passi le tue giornate Zelinda?"

La risposta fu: "E come vuoi che le passi amore mio? Sempre dietro a mia madre che sta tanto male."

Lo confesso, mi venne da ridere. Dopo ben ventotto anni, la madre stava ancora come nel 1960! Non osai chiederle gli anni suoi e di sua madre, ma certamente sarebbe stato un numero da guinness dei primati per entrambe. Un anno dopo ripassai nella zona di Campo de' Fiori e chiesi di lei a qualcuno. Le risposte furono vaghe, ma tutte dello stesso tenore: "Me pare che una delle due è morta...". Mi venne nuovamente da ridere perché, a quel punto, pensai che la madre fosse delle due quella ancora viva!

Angelica, da me chiamata Icca, era nata a Palestrina, in provincia di Roma, ma ben presto si trasferì con la famiglia in una zona della periferia romana chiamata Tomba di Nerone, sulla Cassia. Angelica era una donna straordinaria, perché portò dentro la nostra casa un'atmosfera di cultura popolare e buon senso. Era tale l'affetto nei nostri confronti che ci chiamava "i miei piccoletti". Per noi era una seconda madre. Ho ritrovato alcune vecchie foto che ci ritraggono mentre diamo da mangiare ai gatti in luoghi archeologici come il Teatro di Marcello, il Colosseo e i Fori Romani. Quando uscivamo con lei, la prima sosta era dal macellaio: si comprava il polmone, s'incartava e lo si portava ai mici. In ciascuna zona dove andavamo c'era il mio gattino preferito, al quale avevo dato anche un nome.

Angelica, ebbe un ruolo fondamentale per quella che sarebbe diventata la mia sensibilità creativa. Era una formidabile narratrice di favole. Inventava tutto all'istante e riusciva, con un talento che neanche lei conosceva, a raccontare storie fiabesche per immagini. Bastava darle una tema: un orco, una principessa, un cavallo, una strega... E lei partiva a braccio in una storia a puntate che s'interrompeva sempre quando era l'ora di spengere la luce per dormire. Riprendeva la sera dopo, ogni volta con colpi di fantasia degni di un grande soggettista. La cosa comica è che i luoghi dove si svolgevano le storie erano paesi, monti e località della provincia di Frosinone. C'era un orco di Roccasecca, una principessa che viveva a Sora, un

mago che aveva un castello a San Vittore. In più, parlavano tutti in dialetto frusinate!

Un giorno misi in croce mia madre perché il fratello di Angelica, Checchino, si era comprato una Vespa Piaggio e volevo assolutamente farci un giretto, stando in piedi sul pianale e con le mani sul manubrio. Dopo mille raccomandazioni, mia madre diede il tanto sospirato permesso. E così io, Angelica e Checchino andammo a trovare i loro parenti alla Tomba di Nerone. Fu un viaggio abbastanza lungo perché quella zona della Cassia era un po' fuori Roma, ma l'emozione di viaggiare su quel fantastico scooter, con il vento nei capelli, fu meravigliosa. Tant'è che la ricordo ancora benissimo. Quando arrivammo scoprii un'umanità dapprima sconosciuta. Era una baraccopoli sterminata, dove ogni famiglia aveva le galline, l'orticello e cani da guardia. La vita si svolgeva all'aperto e ognuno parlava ad alta voce col dirimpettaio che viveva in un'altra baracca. C'era un'atmosfera serena, cordiale, nonostante quell'immensa povertà che ancora non riuscivo a valutare. A me bambino dava l'idea di un'isola felice e caciarona. Anni dopo, quando vidi *Accattone* di Pasolini e *Miracolo a Milano* di De Sica, riuscii a comprendere perfettamente una realtà che a me sfuggiva nella sua drammaticità. All'età di sei anni, mi sembrava tutto un gigantesco e gentile presepe vivente.

Mentre mangiavo pane e pomodoro, preparato dai

Piccolo e spensierato (1954).

parenti di Angelica, improvvisamente uno gridò forte: “Il Pastore! È arrivato il Pastore!”

Tutti si misero seduti in terra a semicerchio, in silenzio. Un signore, con abiti scuri e una bibbia in mano, iniziò a predicare con tono molto severo e autoritario. Nessuno osava fiatare. Pur non riuscendo a capire cosa stesse succedendo, ero tremendamente intimorito. Anche perché quel signore aveva una lunga barba nera e parlava sempre col dito alzato, come a dire “Guai a voi se…”

Dopo un’ora il signore nero se ne andò e la vita riprese normale nella baraccopoli. Siccome si era fatto tardi, Checchino mise in moto con un calcio la Vespa e riportò me e Angelica a casa. Durante il viaggio chiesi: “Icca, ma che diceva quel signore arrabbiato?”

“Quello è come una specie di prete per noi”

“Sì, ma che diceva?”

“Oggi parlava della Madonna”

“E che diceva della Madonna?” replicai un po’ confuso.

“Che non esiste!” risposero all’unisono Angelica e Checchino.

“I preti e le suore mi dicono che la Madonna esiste! Pure mamma lo dice…” ribattei.

“Voi siete cattolici, noi siamo invece protestanti!” sottolineò Checchino.

Per me la parola “protestante” significava soltanto “uno che protesta” e la cosa mi parve molto confusa… Però la rivelazione dell’inesistenza della Madonna, mi portò a fare altre domande a Icca.

Giorno dopo giorno, Icca mi prendeva in disparte e mi faceva una specie di "lezione protestante", convincendomi che la Madonna era un'invenzione furba dei cattolici. Una sera, anziché la solita favola, cominciò a leggermi il Vecchio Testamento, con le sue storie su Geremia e Isaia, piene di rimproveri per tutti. C'era spesso la frase "Guai a voi peccatori se..."

Non dissi nulla a mamma. Ma una volta, durante la lezione di catechismo di Don Giorgio D'Avack (il severissimo prete fondatore della nostra congregazione), incentrata sul mese di maggio dedicato alla Madonna, me ne uscii con: "Guardi Padre che la Madonna non esiste. È un'invenzione!"

Rimase senza parole per diversi secondi. Poi si alzò di scatto, mi afferrò per mano e mi condusse nel suo studio. Mi fissava talmente male che scoppiai a piangere. "Chi ti ha detto queste cose sulla Madonna?!" incalzò. "È dentro casa? Avanti, parla! Chi ti ha indotto a offendere la Madonna?"

Sembrava che interrogasse il detenuto di un carcere minorile. Alla fine tuonò: "Tu hai peccato, lo sai?..."

Così dicendo alzò il telefono e chiamò mia madre, pregandola di venirmi a prendere per una motivazione assai "grave". Alla povera mamma prese un colpo e in cinque minuti arrivò, pensando a qualcosa di veramente serio. Fu messa al corrente di quella mia uscita "blasfema" e alla fine dovetti confessare che Angelica aveva dato inizio a una mia confusa "conversione".

I miei convocarono subito Angelica e la rimproverarono. Loro non avevano nulla contro i protestanti, ma le spiegarono pacatamente che, essendo stato battezzato col rito cattolico, non poteva confondere la testa di un bambino che – tra l'altro – era diventato "lupetto" di una congregazione mariana, la *Regina Apostolorum*.

Fatto sta che le cose presero un'altra piega. Don Giorgio chiese di poter parlare ad Angelica con me presente. L'incontro durò due interminabili ore, durante le quali il sacerdote – con ammirevole abilità oratoria – smontò tutte le tesi protestanti. Compresa quella sulla figura della Madonna. Parlò in modo talmente semplice ed efficace, che mandò in confusione Angelica la quale, davanti a lui, promise di non turbare mai più la fede nascente di un ragazzino cattolico. Don Giorgio, congedandoci, regalò ad Angelica un volumetto sulla Madonna, da lui scritto quando divenne sacerdote.

Passarono molti mesi e dell'argomento religioso non se ne parlò più. Angelica riprese a raccontare le sue formidabili favole con lo slancio e la fantasia di una volta. Poi venni a sapere di una discussione molto accesa tra lei e il fratello, riportata da mia madre. "Come sarebbe a dire che adesso credi alla Madonna? Chi ti ha messo in testa queste cose? Sei blasfema!" sbottò Checchino.

"Checchì, leggite 'sto libro che m'ha dato un prete... Questo dice che stàmo a sbaglià!" replicò con foga Angelica.

"Blasfema! Sei 'na blasfemaaa!"

Finì che il giorno dopo Checchino portò Angelica dal prete protestante, il quale le fece una lavata di testa, riportandola – tra mille dubbi – sulla "giusta" strada.

Nel 1962 Angelica lasciò definitivamente la nostra casa perché, nonostante avesse l'impronta della zitella perenne, si sposò con un bravo e onesto artigiano. Venne a trovarci di sorpresa, circa vent'anni dopo, a Lungotevere dei Vallati. Fu una grande gioia per tutti noi. Si commosse molto nel vederci più grandi e realizzati nel lavoro. Ricordò, ridendo, la bastonata che le diedi in testa in seguito a quel misterioso raptus e si emozionò nel rivedere le stanze dove aveva trascorso tanti anni felici. Si fece scattare una fotografia sul terrazzo con tutti noi fratelli. "Voi pe' me resterete sempre *i miei piccoletti*" disse con le lacrime agli occhi.

Nell'andar via chiese notizie di Gilda, una ragazza che veniva spesso da noi a fare dei rammendi. "Purtroppo è morta da dieci anni..." le risposi, allargando le braccia.

E lei, sbiancando: "Oh Madonna santa beata... Che mi dite!"

Con l'invocazione alla Madonna, scese tristemente le scale. Sarebbe stata l'ultima volta perché non sapemmo più nulla di lei.

Dopo Angelica arrivò Maria Fiore, una casertana di Santa Maria Capua Vetere, piccola ma ossuta e nerboruta. Anche lei, come Angelica, inventava favo-

le, adattandole alle suggestioni del suo habitat di provenienza. Le sue storie cominciavano sempre con "A Nola ce steva nu principe... A Cancello Arnone ce steva 'na bella principessa... A Capua e Villa Literno ce steva 'na strega cattiva...". Maria mi faceva spesso vedere con lei le commedie di Eduardo con Ugo D'Alessio e Nina De Padova. Le piaceva in particolar modo *Annella di Porta Capuana*, di Gennaro D'Avino, che puntualmente la commuoveva. Mi divertivo un mondo nel vederla seduta sulla poltrona, mentre si asciugava le lacrime col fazzoletto, tirando su col naso. Non riuscivo a capire come un noioso spettacolo televisivo potesse ridurre in quel modo una signora forte come lei.

Devo rivelare che la storia delle donne di servizio ha avuto anche un risvolto... Erotico. Avevo tredici anni quando giunse in casa Elisa, una gran bella ragazza proveniente dalla provincia di Roma. Aveva diciassette anni e le gambe muscolose (tipiche da lavoro), però era terribilmente affascinante. L'unica cosa insopportabile era che nei pomeriggi di libera uscita raccoglieva e legava i suoi bei capelli, spruzzandoci sopra una lacca cafona troppo profumata.

Un giorno mi trovai con lei in una situazione stile *Malizia*, perché le piaceva farsi guardare sulla scala mentre spolverava le librerie. Ogni volta che lo faceva, mi chiamava per intrattenermi con discorsi futili

In braccio alla tata Angelica, detta Icca.

ed io stavo lì sotto ad ascoltare, ammirando il panorama.

"Ti piacciono le mie gambe, eh? L'ho capito da come le guardi..." mi disse con tono impertinente.

"Bè sì... mi piacciono" risposi impacciato.

Scese dalla scala e si prese la "confidenza" di chiedermi se fossi fidanzato; anche se sapeva benissimo che non lo ero, poiché mi vedeva piazzato in casa dalla mattina alla sera. Che fidanzata potevo poi avere a tredici anni? Invece, per vantarmi, le risposi che ero innamorato di Carla Mattioli, una ragazzina della terza media. Con il tono di chi certe cose le capisce benissimo, mi fece: "Se ti piace tanto questa ragazza perché non glielo dici?"

"Perché non ho il coraggio e perché esce con i ragazzi più grandi del ginnasio..." replicai timidamente.

"Ma perché ti piace?" domandò col fare di chi vuole entrare in competizione.

Presi coraggio e farfugliai: "Perché ti assomiglia."

Non so come mi uscì quella risposta così sfrontata, però successe che anche lei diventò un po' rossa e non disse più nulla. La cosa finì lì... Per modo di dire.

Una domenica pomeriggio Elisa doveva uscire ed era intenta a prepararsi nella dispensa, dove c'era il suo armadio, vicino ai lumini votivi. "Carlo, vieni un attimo qua?" chiamò.

Subito arrivai da lei e dinanzi mi si parò uno spettacolo mai visto prima: un corpo femminile in gonna, calze e reggiseno. L'atmosfera era piena di tensione, complici pure le tremolanti lucine rosse dei defunti. Fortunatamente i miei facevano la pennichella.

"Ti piace come sono vestita?" mi chiese.

"Sì... mi piace" risposi, mentre provavo una fortissima eccitazione.

"Ti piacciono le calze?"

"Sì, mi piacciono le calze" dissi, ingoiando male la saliva.

"Adesso mi devo cambiare il reggiseno... Quindi ti devi voltare."

Come un cretino mi voltai, coprendomi anche gli occhi con le mani. "Carlo, però mi devi aiutare ad allacciarlo!" aggiunse con voce suadente.

Mi girai di nuovo verso di lei. Stava di schiena e aveva una pelle liscia e profumata. Mi bastò sfiorarla con la punta delle dita per sentirmi il cuore a mille. Mentre cercavo di allacciare quell'indumento infernale, pensai che quella ragazza fosse un'autentica dea. Finalmente arrivai al gancetto e *clic*... Elisa si voltò mostrandomi il suo bel seno, ovviamente coperto dal reggiseno.

"Hai mai baciato una donna?" mi chiese con sensualità.

"Ma certo che l'ho baciata!" mentii spudoratamente.

"E chi hai baciato? L'hai fatto con la lingua o senza?"

"Ma... Sai... A una festa fecero il gioco della bottiglia e diedi un bacio a una ragazza molto carina. Ma senza lingua."

"Ma quello è un bacio affettuoso. Il bacio vero è diverso, lo sai?"

“Cioè come?” domandai come un fregnone patentato.

“Cioè che le lingue si devono salutare dentro la bocca… Vuoi che te lo dimostri?”

“Cioè…?”

Sentivo la testa come vuota, tremavo tutto e il cuore mi batteva sempre di più. Elisa si avvicinò, mi fissò negli occhi abbozzando un sorriso, dischiuse le mie labbra con la lingua e mi baciò. Rimasi pietrificato e rovente come una stufa. Mi ripresi quando lei mi strinse la faccia tra le sue mani, raccomandandosi: “Però tu non devi dire niente ai tuoi genitori. Queste sono cose fra me e te!”.

“Sì… certo” rassicurai.

Mi diede ancora un bacio sulla guancia, indossò la camicetta e uscì nel corridoio. “Te lo posso ridare un bacio come prima?” supplicai.

Con fare deciso, Elisa mi riportò in camera e mi diede un altro bacio. Mentre perdevo letteralmente i sensi, lei mi prese la mano e l’appoggiò dolcemente sul suo seno. Per un tredicenne come me fu un’emozione fortissima e indescrivibile. Dopo mi fece una carezza e si avviò verso la porta di casa. Ancora in stato di euforia, la osservai mentre percorreva il corridoio. Mi sentivo ormai un adulto.

Dopo un paio di mesi arrivò per lei il momento del licenziamento. I miei notarono che usciva ogni giorno con un ragazzo diverso e non si fidarono più a lasciarle le chiavi di casa. Quel giorno Elisa aveva le lacrime agli occhi, non faceva altro che dire quanto si trovasse bene con noi e allo stesso tempo era incavolata perché non riusciva a capire i motivi di quella decisione.

Mentre sistemava la valigia, mi avvicinai e le chiesi: "Ma quanti fidanzati hai?"

"Io non ho fidanzati! Sono degli amici che voi scambiate per fidanzati!" rispose delusa.

"Ti posso dare un bacio…?"

"No, il bacio non te lo do."

Restai lì fermo, amareggiato e rigido come un palo, ma in realtà quella risposta nascondeva intenzioni ben più "piccanti". "No niente bacio… Voglio regalarti invece i miei slip" disse.

Francamente, la mia speranza era di vederla sfilarseli da dosso. Purtroppo aprì la valigia, rovistò un po', prese gli slip e me li consegnò in tutta fretta. Poi sollevò i bagagli e andò via per sempre.

Nascosi quel cimelio erotico dentro il vecchio e ormai abbandonato dizionario di latino Campanini & Carboni, riposto su una mensola poco accessibile della libreria. Poche settimane dopo, sfortuna volle che mia madre, durante le sue pulizie, andasse a maneggiare proprio quel dizionario! Me la vidi arrivare come un treno nella mia stanza.

"Carlo! Di chi è 'sta mutanda?" urlò sventolando l'indumento.

La sorpresa mi rese totalmente incapace di una minima reazione.

"Però… Ti dai da fare un po' precocemente! Cos'è 'sta mutanda? Chi te l'ha data?" continuò, agitando davanti ai miei occhi il corpo del reato.

"Elisa..." confessai con un filo di voce.

"Ma roba da pazzi! Che cos'hai fatto con quella?" domandò con tono inquisitorio.

"Ma niente... L'ho rubata dal suo cassetto..." risposi, mentre mi facevo di mille colori.

Mia madre non disse nulla. Se ne andò via con le mutande di Elisa che – istantaneamente – sparirono dalla circolazione.

Per mezz'ora rimasi con lo sguardo perso nel vuoto. Oltre ad aver deluso mia madre (anche se ero convinto che fosse, invece, molto divertita dalla mia precoce audacia) avevo perso il cimelio di una fortissima emozione. Un'emozione indimenticabile per un ragazzino.

Ma col tempo pensai che quel regalo potesse nascondere una "vendetta da scoprire", uno sfregio per quell'immotivato licenziamento. Tuttavia Elisa divenne il mio oggetto del desiderio e lo restò per tanto, tanto tempo.

In seguito arrivò un'altra donna, Jolanda, che subito guardai con disprezzo perché di Elisa non aveva nulla. Era molto brava nelle faccende e tutti eravamo contenti della sua precisione e velocità, fino al giorno in cui capimmo che soffriva di epilessia. Fu un momento drammatico, eravamo tutti a tavola e Jolanda andava avanti e indietro per servire, mentre mia madre le dava disposizioni. All'improvviso i suoi occhi si assentarono, le sue mani iniziarono a tremare, poi prese il piatto con la pasta e lo scaraventò davanti a mio padre che, incazzatissimo, urlò: "Ma che diavolo combini?!! Sei pazzaaa!"

Nessuno si rese conto di quanto stava accadendo... Neanche quando Jolanda si schiantò sul pavimento, muovendosi come una marionetta elettrica. Ci fu un fuggi fuggi generale perché avevamo tutti paura di una che sembrava un'indemoniata! Da quel momento nacque il dilemma della bravissima ed efficiente Jolanda che, di contro, soffriva di improvvisi attacchi epilettici. Il problema trovò un'autonoma risoluzione perché, al terzo attacco, la poverina fu ricoverata in ospedale e da allora non l'abbiamo più vista.

L'epilessia si era già manifestata nella nostra famiglia perché ne soffriva zio Giovanni, il fratello di nonna Assunta. Lo zio faceva il ferroviere e un giorno, mentre era in servizio alla stazione di Siena, colpì accidentalmente con la testa il respingente di un vagone! Purtroppo da quel giorno iniziò a soffrire di violenti attacchi epilettici che si presentavano nei più disparati momenti. Uno di questi si manifestò durante il ricevimento nuziale dei miei. A quell'evento era presente tutta la Roma che contava: baronesse, musicisti, artisti, intellettuali. C'era pure Franco Zeffirelli. All'improvviso zio Giovanni si alzò di scatto dalla sedia, prese a correre sul terrazzo e si tuffò letteralmente sulla tavola imbandita e piena di pietanze e bevande. Distrusse tutto e rovinò la festa! Ci fu un trambusto generale, mio padre per la vergogna chiese scusa a tutti e zio Giovanni fu sedato da un medico presente tra gli invitati. Dopo fu ricoverato in una casa per anziani perché non si riprese più da quel drammatico attacco. Lo andai a trovare con papà a Siena, all'Istituto Campansi in via Tommaso Pendola, quando era ormai totalmente impazzito. Ero piccolo, ma ricordo perfettamente una grande stanza piena di matti, immersa nella penombra e un fascio di luce trasversale, proveniente da una finestra, che squarciava il buio. Sragionavano tutti. Chi parlava da solo, chi di politica, chi di Mussolini... In quel momento capii cos'erano la follia e la solitudine dei malati di mente.

Dopo Jolanda giunse una tipa spagnola che lasciò una traccia talmente labile da non ricordare neppure il suo nome. L'unica cosa degna di nota è che pregava sempre. Portava i piatti a tavola, poi ritornava in cucina e si metteva a pregare col rosario tra le dita. Forse era devota della Madonna di Fatima o chissà che altro, ma stava sempre con quel rosario in mano!

Poi fu la volta di una toscana tutta scema. Era brutta ed era pure ninfomane. Successe che si mise a pulire i vetri di casa, mostrando le tette ad alcuni operai che lavoravano fuori su un'impalcatura. Mezz'ora dopo si presentò a casa il caposquadra. Si lamentò dell'incredibile comportamento della ragazza e mamma non ci pensò un attimo a licenziarla.

Senza perdere tempo, mia madre si mise alla ricerca di una sostituta, ma non riusciva a trovare nessuna che le piacesse. Tra l'altro, dopo l'episodio della mu-

Papà e mamma, dopo il matrimonio, con gli amici del cuore (1949).

Papà e mamma nel giorno del matrimonio (1949).

tanda di Elisa, aveva intuito che non ero più il santerellino di un tempo, per cui era determinata a sceglierne una dall'aspetto orrendo. Infatti, così andò… Tutte le donne di servizio che arrivarono dopo furono bruttissime. Tutte, nessuna esclusa!

L'ultima fu Novilia, una donna fantastica che considero di famiglia. Come e più di una sorella, stette accanto a mia madre fino all'ultimo giorno. Le ha voluto un bene immenso. Veniva da Siena, aveva il classico aspetto autorevole delle popolane forti e

Con la fantastica Novilia, Silvia e Luca (2010).

sagge. Talvolta dava l'impressione di una toscanaccia comunista, militante nella Casa del Popolo. Dopo di lei ci siamo fermati, perché era il massimo che una famiglia potesse desiderare. Arrivò in casa che avevo sedici anni e ancora oggi, in occasione delle festività, la chiamo per farle gli auguri. Rivedere Novilia o sentire la sua parlata toscana mi riporta agli anni più belli.

Zia Bettina è stata un autentico "almanacco" delle virtù, dei vizi e delle debolezze dei fratelli di mia madre. Sentirla ricordare ancora perfettamente tutti gli eventi, compresi i minimi dettagli, di quegli anni lontani, mi affascina molto. Bettina è l'ultima zia legata alla famiglia Schiavina, poiché moglie di Ermanno: lo zio pieno di piccoli tic ed espressioni comiche, cui mi sono spesso ispirato per alcuni personaggi teatrali. Lui aveva ottenuto successo nel lavoro amministrando diverse società e vinceva puntualmente al lotto (azzeccando spesso dei terni secchi), ma credo che la sua fortuna più grande fosse quella di aver sposato Bettina Pomante di Anzio. Una delle donne più belle e corteggiate non solo di Anzio, ma anche di Roma. Qualcuno ricorda ancora la sua prorompente bellezza, che fece precipitare tanti spasimanti nella disperazione più assoluta. Il buffo zio Ermanno, invece, riuscì a spuntarla. Fu il suo miglior "terno al lotto".

Un giorno, parlando con zia Bettina, venni a sapere dei comportamenti vitaioli degli Schiavina. "Sai Carlo" mi raccontò. "I fratelli di tua madre erano amanti della bella vita, di via Veneto, del Caffè Rosati, delle grandi feste... Già prima di fidanzarmi con zio Ermanno avevo capito che occorreva comunque avere due antenne così! Quei tre uomini erano dei gran paraventi!".

"In che senso zia?" domandai incuriosito.

"Perché quando non eri ancora nato, c'era in casa 'na domestica che annàva con tutti e tre!"

Praticamente, in famiglia iniziò a serpeggiare il sospetto che la domestica accontentasse a turno prima Gastone, poi Ermanno e infine Corrado. Pare addirittura che anche nonno Aldo fosse implicato nel giro, nonostante sfuriasse ogni tanto con la donna, rimproverandola sulla scadente qualità delle pulizie. Forse era soltanto un modo per coprire lo scheletro nell'armadio. A un certo punto la vicenda incominciò a deviare di brutto, perché dalle dieci in poi quella casa cominciò a diventare meta di un insolito pellegrinaggio di tanti amici dei miei zii. Alla fine mia nonna intuì il bordello e, con un solenne cazziatone, cacciò via la presunta concubina.

Dopo quel racconto avvertii dentro di me uno strano senso di contentezza e soddisfazione. Mi sentivo fiero di aver portato avanti in qualche modo una tradizione familiare: la "conquista della cameriera".

Zio Ermanno e zia Bettina in uno scatto "Dolce vita" (1959).

16

Christian De Sica è soltanto un pallonaro

C'è un aspetto della mia personalità molto strano, cioè quello di sentirmi paladino e angelo custode della mia famiglia. Mamma e papà sapevano che potevano contare su di me perché ero razionale, programmatore, fattivo e apprensivo. Nel senso che stavo attento alla chiavetta del gas, alle finestre, alla porta di casa. Quando i miei andavano fuori la domenica, avevo l'ordine di cucinare e lavare i piatti. Un incarico che svolgevo bene perché riuscivo a coordinarmi perfettamente. Luca è stato sempre un po' svagato, ignorava cosa fossero le faccende domestiche e sarebbe stato capace di uscire lasciando la porta di casa aperta, consentendo l'accesso a tutti i ladri di Roma.

Da quando mia madre fu scippata e trascinata per strada da due delinquenti in sella a una Vespa, mi autonominai come suo personale difensore. Vederla in lacrime, tutta graffiata e livida, mi fece cambiare totalmente atteggiamento nei suoi confronti. Bastava che fosse triste o angosciata per diventarlo anch'io.

Un giorno, avevo circa vent'anni, vidi mamma preoccupata, quasi disperata. Non ce la feci più e le chiesi chiaramente cosa avesse. "Sono in ansia perché c'è una persona adulta che telefona continuamente a Silvia. Le dà pure gli appuntamenti... Ma lei non ha neppure tredici anni!" mi rispose piangendo.

Il molestatore era il padre di un amico di Silvia, all'epoca un famoso costruttore di cinquantacinque anni. Quando seppi quella notizia, ogni volta che squillava il telefono correvo a rispondere, ma spesso dall'altro lato riagganciavano il ricevitore. Sicuramente era lui. Data l'età e la bellezza di mia sorella, era fuori dubbio che quell'uomo facesse soltanto lo stronzo. La stava pure plagiando, perché Silvia iniziò a raccontare bugie tipo che doveva vedersi con l'amica Alessandra. Una mattina, durante una telefonata, captai che dovevano incontrarsi alle cinque e

Con mia madre... in un abbraccio protettivo (1972).

mezzo al Caffè Ciampini, in via Frattina. Appena lei riagganciò entrai nella sua stanza. "Dimmi Silvia, con chi hai appuntamento in via Frattina?" chiesi irritato.

"Non sono fatti tuoi, comunque devo vedermi con Alessandra..." rispose imbarazzata.

"Nun me devi raccontà stronzate!" urlai. "Adesso resti qua buona e non ti permettere di uscire, altrimenti ti gonfio di botte!"

Incaricai Luca di tenere a bada Silvia e presi la Vespa per andare sul luogo dell'appuntamento. In quel-

Un bel ritratto di Silvia, fatto da me (1978).

la reazione tirai fuori, per la prima volta, tutto il mio lato vendicativo. Arrivato in via Frattina, vidi in lontananza che in quel bar c'era ad attendere proprio l'uomo che sospettavo. Incurante che quella strada fosse un'isola pedonale, mi lanciai con la Vespa. Come uno stuntman saltai poi dal sellino, lasciando cadere il mezzo ancora in movimento, e mi avventai sul tizio prendendolo per il collo. "Te me devi dì che cazzo vuoi da mi' sorella... Io te spacco 'r culo!" sbraitai come un coatto della Magliana.

"Ma come ti permetti? Toglimi le mani di dosso o ti denuncio!" rispose lui tutto impaurito.

"Devi sparì dalla circolazione, sennò te spacco la faccia! Hai capito?" continuai, mentre intorno si era formato un capannello di gente. "Rompi le scatole a 'na ragazzetta... te rendi conto?!?"

Meno male che i camerieri del bar Ciampini mi fermarono, altrimenti credo che lo avrei ammazzato. Nel frattempo l'uomo era fuggito e da quel giorno in cui lo sputtanai pubblicamente non si fece più vedere né – tantomeno – sentire.

Silvia aveva un viso molto bello, dai lineamenti ottocenteschi, di carattere era molto socievole e per questo faceva spesso preoccupare l'intera famiglia. Un mese dopo l'evento dell'assalto in via Frattina, vidi nuovamente mia madre preoccupata. Come al solito chiesi cosa avesse e lei, dopo qualche titubanza, confessò: "Silvia sta uscendo spesso con Christian De Sica. La viene a prendere sempre con macchine importanti e la riporta a casa tardi dopo le undici. Per una ragazzina che deve svegliarsi la mattina alle sette mi sembra un'assurdità... Come si deve fare?"

In quel periodo Christian era il mio compagno di banco, per cui realizzai che si fosse piazzato accanto a me per scopi puramente personali, che veniva a casa mia perché gli interessava mia sorella e alla prima occasione si infilava in camera sua! Una sera, dopo aver distrutto la stanza di Silvia, aspettai giù al palazzo che i due rientrassero. Diedi il tempo a mia sorella di scendere dall'auto e incamminarsi verso casa, poi decisi di affrontare Christian a viso aperto.

"Carlo! Che ci fai qua?" chiese timoroso nel vedermi così incazzato.

"Ma che stai a fà co' Silvia? Ma lo vedi che è 'na ragazzina? Mia madre sta piangendo pe' 'sta situazione!" gli risposi tutto alterato.

"Ma no Carlo, con me tua madre deve stà sicura!"

"Eh no! Sono io che non sto sicuro... Perché te conosco troppo bene!" e gli mollai una sberla.

"Ma guarda che io sono innamorato veramente di Silvia!" esclamò con gran faccia da culo.

In quel momento pensai che Christian mi avesse preso per un fregnone e così gli mollai un'altra sberla.

"Carlo ma che fai? Silvia ed io stiamo insieme..." confessò.

Nel sentire quella pietosa ammissione preferii piantarlo lì, altrimenti lo avrei massacrato. Il giorno dopo, a scuola, gli vietai categoricamente di sedersi accanto a me. Poco dopo anche mio padre venne a sapere di quanto stava succedendo e s'incazzò di brutto, perché non poteva accettare che qualcuno stesse traviando sua figlia.

Trascorsi tre giorni, Christian – con la complicità di Silvia – chiese un appuntamento ai miei. Voleva incontrarli per spiegare tutto. Si presentò con un vestito di velluto verde scuro, una cravatta di Carlo Palazzi e un grandissimo fascio di rose. Mia madre era visibilmente spazientita, mio padre confuso, Silvia ed io spiavamo la scena da dietro una porta. Una volta accomodatosi nel salone, Christian attaccò un discorso che più teatrale non si poteva. "Signori, è giunto il momento di dire la verità e di manifestare i sentimenti che provo nei confronti della vostra bellissima figlia. Questi fiori sono per lei signora" declamò, porgendo i fiori con una semirotazione del braccio e accennando un inchino. Mia madre sgranò gli occhi sbigottita, mentre mio padre osservava scettico.

"Questo senso di ostilità nei miei riguardi è diventato un fardello insostenibile" continuò imperterrito. "Per questo motivo dichiaro a voi di essere innamorato di Silvia e vi chiedo il permesso di poterla frequentare."

I miei avevano fiutato la fregatura ed erano pronti a mandarlo a quel paese, però volevano vedere fin dove si sarebbe spinto. Tuttavia Christian non si arrese e continuò: "Tra i miei genitori c'è un'evidente differenza di età, eppure si amano ancora oggi. Questo significa che quando c'è un forte sentimento l'età non conta!"

Mia madre iniziò un po' a commuoversi, mio padre a infastidirsi. Poi il colpo di grazia finale: "Sono una persona seria e ho riflettuto tantissimo. Fatto sta che io amo questa ragazza e sono disposto a starle accanto con fedeltà per tutta la vita!"

Quel discorso da Ugo Foscolo dei poveri fece scoppiare mia madre in lacrime. Si era fatta fregare dalla teatralità dell'eloquio. Mio padre era sempre più sospettoso e guardava col sopracciglio un po' sollevato, poi si alzò e in silenzio uscì dal salone avviandosi nel suo studio. Lo fermai nel corridoio e, tutto curioso, chiesi: "Ma cosa sta dicendo?"

"È soltanto un pallonaro..." sentenziò scrollando le spalle.

Dopo essere stata nel frattempo lavorata ai fianchi, mia madre chiamò Silvia, papà e me nel salone. Così, davanti a tutti noi, Christian prese la mano di mia sorella e si slanciò in una solenne dichiarazione di fidanzamento. "Christian, ti amo!" disse Silvia con le lacrime agli occhi.

Mio padre sibilò laconicamente: "Christian, spero solo che tu sia sincero."

Lui ovviamente rassicurò: "Certo Mario, lo sono con tutte le mie forze. Credimi anche tu Carlo, che mi hai trattato così male..."

Continuava a parlare in maniera talmente aulica, fuori dal tempo e dal mondo, che sembrava una recita di Romolo Valli.

Alla fine i due ebbero la benedizione ufficiale e il sospirato permesso di uscire insieme, ma per le suore direttrici della scuola di mia sorella Christian era un pessimo esempio. Sostenevano che Silvia fosse l'unica ragazza ad avere un fidanzato più grande di lei e che, per giunta, l'andava a prendere sotto scuola con auto di lusso tipo Rolls Royce e Bentley. Gli atteggiamenti megalomani e inopportuni di Christian facevano allibire sia le suore che i genitori delle altre alunne, e di questa situazione mia madre ne soffriva molto. Alla fine lui ha continuato a fare ciò che voleva e, anzi, si apprestava a sposare Silvia.

Un giorno vennero a casa nostra Vittorio De Sica e Maria Mercader per suggellare il fidanzamento. Fu una bella serata, nonostante il Maestro fosse già ammalato. Dopo una cena leggera a base di pesce, andammo sul terrazzo e lui, stanco, si sedette vicino a una pianta di cedrina. Ogni tanto staccava qualche foglia e se la metteva in bocca. Era un modo per sopperire alla mancanza delle sigarette, che i medici gli avevano severamente proibito. Ci raccontò diversi episodi della sua vita. Alcuni erano amari, altri più spassosi. Ricordò con passione gli anni Venti, di quando entrò ventitreenne nella compagnia teatrale della grande attrice russa Tatiana Pavlova e poi, successivamente, in quella di Luigi Almirante. Con quest'ultimo fece un lungo viaggio in nave da Roma a New York. Un viaggio che definì angoscioso perché Almirante aveva il terrore del mare. Temeva che la nave potesse scontrarsi con un'altra imbarcazione o, addirittura, affondare come il Titanic. Quando faceva buio, andava sul pontile per controllare che non ci fossero "ostacoli" nelle vicinanze.

Foto con dedica di Christian... Dopo "la rissa".

Al mio
amico Carlo
con tanto affetto

Il giorno in cui arrivarono in prossimità del porto di New York, Almirante, invece di essere felice per la fine di quell'incubo, iniziò ad agitarsi come un matto.

"Vittò, Vittò, qua finisce male...!"

"Ma come deve finire Luigi? Ormai siamo arrivati, la nave sta per entrare nel porto."

"Portami dal comandante, ti prego. Portami da lui... Ho paura... La nave potrebbe sfracellarsi sulla banchina."

"Ma che dici? Faremo una bruttissima figura. Ci prenderanno per cretini."

"Andiamo, ti prego."

Nel momento in cui Almirante iniziò a sbiancarsi come un cadavere, De Sica decise di portarlo in plancia, spiegando al comandante che l'amico era interessato a vedere le manovre d'ingresso nel porto. Non ci furono problemi, fino al momento in cui Almirante cominciò a fare: "Va bene... dritto così."

"Prego? Scusi?..." fece il comandante.

"Un po' più a destra... adesso a sinistra... Non faccia sterzare troppo... Va bene, adesso un pochino..."

"Dottor Almirante, ma pensa che stiamo a parcheggiare un'automobile?"

"No... è che volevo aiutare..."

"Dottor De Sica, la prego, porti immediatamente via da qui il suo amico!" sbottò.

Con grande imbarazzo, De Sica trascinò via Almi-

Con Christian... Neo-cognato.

rante che, nonostante la miserabile figuraccia, volle andare sul ponte di poppa per seguire – con grande apprensione – la fase di ormeggio.

La serata trascorse via velocissima, allietata dalle memorie, ma anche dalla sola presenza di un maestro del cinema.

"Maria… si è fatta ora." disse alla moglie. E si alzò, sforzandosi, dalla sedia.

Ci abbracciammo tutti quanti con un "Ci vediamo presto". Da quella sera capii che ci saremmo imparentati con il grande Vittorio De Sica, il quale – ahimè – sarebbe scomparso prima del matrimonio.

Le nostre famiglie sono state sempre molto unite. Christian non lo vedo spesso, tranne che a Natale, Pasqua e compleanni, ma in quelle occasioni private lo ritrovo sempre come la persona più spiritosa che io conosca. È l'unico in grado di farmi veramente ridere perché ha un bel modo di raccontare le cose, sa tirare fuori dettagli e umori da lasciare incantati. È molto più irresistibile di quando si trova in pubblico. Gli voglio molto bene.

Con Luca credo di essere stato un po' troppo severo fin da quando è nato. Arrivò due anni dopo di me e il solo vederlo così cullato e coccolato mi faceva montare l'invidia. Anzi, un vero e proprio rancore perché, quando aveva appena quattro mesi, tentai di soffocarlo ficcandogli un pezzetto di rosetta in bocca. Successivamente, approfittando di un momento di distrazione della tata, rovesciai la culla facendo rotolare il povero Luca lungo tutto il corridoio. Quel tentativo di omicidio mi costò una delle prime, sonore, sculacciate da parte di mio padre. Nel corso degli anni, quando ebbi la consapevolezza di essere più maturo e meno svagato, iniziai a considerarlo il fratello che andava seguito bene... Che non era all'altezza di stare con me. Invece ho sbagliato tutto perché, con il tempo, Luca ha dimostrato di essere una persona fantastica. L'ho sovrastato troppo, ma non l'ho fatto con cattiveria. Sostengo che lui sia molto meglio di me. Ha un carattere positivo, allegro. È sempre pieno di entusiasmo, anche quando si affacciano le difficoltà.

Ho sempre ammirato in Luca le qualità che non possedevo. Lui aveva una grande predisposizione per gli studi e fu il primo a realizzare documentari con una macchina da presa 8mm. Ne fece uno meraviglioso su un cimiterino di campagna e un altro sulla città di Siena che si prepara all'evento del Palio. Quando li vidi provai un moto di grande ammirazione per lui, per la sua mente così razionale, per il saper scrivere e realizzare cortometraggi di impianto storico così emozionanti. Aveva una grande cultura, studiava per conto suo Storia della musica e Storia dell'arte, materia quest'ultima in cui si è laureato.

Uno dei primi cortometraggi di Luca fu incentrato sulla storia dei giullari medievali. Come attori prese me, gli amici Saverio e Fabio e tutti insieme andammo a girare a Tuscania. Arrivammo in città prima dell'alba con una Cinquecento tutta scassata. Ci infilammo i costumi medievali presi a noleggio in una sarto-

ria e lasciammo in auto gli abiti personali. Ci mettemmo a correre per i vicoli e le piazze deserte, saltellando qua e là, facendo i mimi e arrampicandoci sui monumenti mentre Luca girava con la cinepresa. Sembravamo degli autentici cretini. Appena la città iniziò a popolarsi, finimmo le riprese e ritornammo sul luogo dove avevamo parcheggiato la Cinquecento... ma non la trovammo. Bastò il tempo di guardarci l'uno con l'altro per capire che ci avevano rubato l'auto. Io e i miei amici non potemmo fare a meno di lanciare i più feroci insulti al povero Luca, ai giullari e a tutto il Medioevo! Con quegli assurdi vestiti di scena iniziammo le ricerche, durante le quali un idiota ci prese in giro gridandoci: "A frociii!"

Esausti ci rivolgemmo alla polizia locale che, dopo un paio d'ore, ritrovò l'auto. La cosa tragica fu che i ladri avevano preso tutto, compreso i borsoni con gli abiti e i portafogli; inoltre non era possibile avviare il motore perché la serratura del contatto elettrico era stata forzata. Luca e Fabio restarono a Tuscania per cercare un meccanico, Saverio ed io decidemmo di ritornare a Roma col treno grazie a cinquantamila lire gentilmente prestate dal commissario. Quei vestiti medievali che avevamo addosso erano talmente rappezzati e malridotti che si vedevano pure le mutande. Anzi, il mio amico non aveva neppure quelle perché gli spuntava mezzo testicolo fuori! Non potrò mai di-

Teatro Il Cenacolo. *Pittura su legno*, di Ingmar Bergman: nel ruolo di Jons. Regia di Luca Verdone (1971).

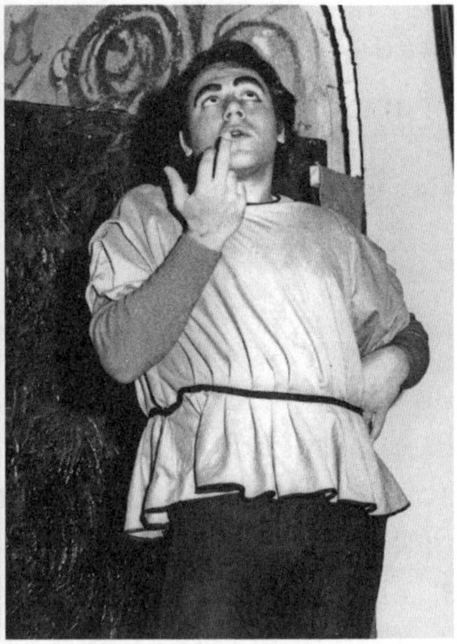

menticare le risate di tutte le persone che incontravamo per strada. Il viaggio in treno fu un'esperienza tremenda e mortificante. Durante il tragitto guardai l'ora e mi resi conto che avevo girato le scene con l'orologio al polso... Praticamente avevo rovinato il film. "Ma vaffanculo!" sbottai.

Giunto a Lungotevere dei Vallati, ebbi l'amara sorpresa di trovare tutto chiuso, i miei erano partiti per un viaggio e così dovetti aspettare il ritorno di Luca. Arrivò alle undici di sera e aveva lasciato anche lui le chiavi a casa, convinto che le avessi prese io. Dopo essercele suonate di santa ragione, pernottammo all'albergo Pallotti perché la mattina seguente sarebbe arrivata la cameriera ad aprire. Dopo quell'esperienza decisi di chiudere per sempre coi documentari di Luca.

Penso che mio fratello abbia un pochino sofferto della mia notorietà, di certo non per invidia ma per le difficoltà che gli ha creato. Un giorno era talmente nervoso e sfiduciato che decise di confidarmi il motivo del suo stato d'animo. "Carlo, non prendertela a male" mi disse. "Ma sono estremamente logorato perché avere te come fratello può essere una fortuna, ma anche una sfortuna. Sono andato alla Rai per proporre un documentario e il dirigente mi ha detto che l'avrebbero prodotto dietro una cortesia che dovresti fare tu. È tutto

Teatro Il Cenacolo. *Il mondo di Rabelais*: io che sostituisco un'attrice e nel ruolo di Panurgo. Regia di Luca Verdone (1973).

un *do ut des* e non è giusto. Sento che la mia carriera può andare avanti soltanto se ti convinco a fare certe cose... Questo è umiliante."

Mi dispiacque tanto sentire quelle parole così avvilite e arrendevoli. Oggi che vedo le cose con più filosofia m'interrogo se nel privato sia più felice mio fratello oppure io. Francamente, penso che lo sia di più Luca, anche se meno ricco e famoso. Perché ha grandi capacità di adattamento, ha entusiasmo, è un signore nei rapporti sociali, è gentile e disponibile, ha un senso dell'amicizia limpido che lo fa amare tanto dalle persone. Tutti pregi rari da trovare oggi in un uomo.

Con Luca e Silvia sul terrazzo della casa di Anzio (1961).

17

L'Underground a casa Verdone

Se non fosse stato per una piccola sala da quaranta posti, che proiettava dalla fine degli anni Sessanta film sperimentali o *underground*, insieme a retrospettive di grandi registi, probabilmente la mia passione per il cinema non sarebbe mai nata. La saletta si chiamava Filmstudio e me l'aveva segnalata mio padre come luogo ideale per conoscere l'avanguardia e i grandi classici che avevano qualcosa di "rivoluzionario". Quindi, insieme a Fritz Lang, Luis Buñuel, Marcel Carné, Pier Paolo Pasolini, Jean-Luc Godard, si alternavano gli attuali Kenneth Anger, Andy Warhol, Alberto Grifi, Yoko Ono, Gregory Markopoulos e tanti altri.

Ero talmente coinvolto dal cinema *underground* americano, che con la mia cinepresa in Super8 cominciai a elaborare dei "poemetti visivi", ispirati da quei grandi registi anarchici, provocatori e assolutamente fuori dagli schemi commerciali. Quattro giorni su sette stavo al Filmstudio, drogato da quello stupore assolutamente non convenzionale. Fu così che una sera, dopo aver visto un filmato sul Living Theatre di Julian Beck, incontrai nientemeno che Gregory Markopoulos! Stava portando a mano le pizze di alcune sue pellicole che avrebbe poi proiettato la settimana successiva. Mi apparve come una leggenda. Non tanto per le sue opere – che erano spesso incomprensibili –

ma perché rappresentava la sperimentazione americana. Le sue immagini creavano un forte turbamento. Figlio di emigranti greci, era nato nell'Ohio, di lui avevo visto *Gammelion*, *The Illiac Passion* ed *Eros O Basileus* (di una noia mortale). Il suo viso era intelligente, autorevole e metteva soggezione perché, nonostante una camicia piena di patacche, assomigliava più a un attore di Hollywood che ad un audace regista di *film off* con due lire in tasca.

Mi feci un gran coraggio e dopo qualche minuto lo avvicinai con un orribile inglese. In pratica azzardai un invito a casa mia per fargli vedere un paio dei miei "poemetti visivi". Aggiunsi che mio padre era uno storico del cinema e delle avanguardie e che sarei stato felice di fargli vedere la collezione di quadri astratti che avevamo. Con mia grande sorpresa accettò subito e propose il giorno dopo alle undici di sera! Cercai di fargli capire che non vivevo solo e che a quell'ora la mia famiglia andava a dormire. Ci mettemmo d'accordo per il sabato, a mezzogiorno. Tornai a casa pieno di euforia: un grande dell'*underground* avrebbe visionato le mie sperimentazioni! Era semplicemente un enorme privilegio.

Avvertii i miei dell'appuntamento e papà fu molto orgoglioso, anche se dispiaciuto perché quel giorno sarebbe andato in campagna con mamma e Silvia. Luca era a Siena da mia nonna e, quindi, sarei rimasto da solo con Sandrina, una vecchia collaboratrice domestica – secca come un chiodo – di Cantalupo Sabino. Alle dieci di quel sabato mattina il proiettore Super 8 era già pronto davanti allo schermo bianco di plastica, posto vicino alla finestra chiusa. Ero nervoso perché temevo il giudizio di Markopoulos; si diceva che girasse film sin da quando aveva tredici anni...

"Ma che se ferma a magnà 'sto signore?" chiese Sandrina, che di lì a poco sarebbe andata via con la corriera per il weekend a Cantalupo.

"No, no. Al limite lo porto fuori a un ristorante... Ma non credo proprio."

Mi salutò e se ne andò, lasciandomi con un piccolo patema d'animo. A mezzogiorno di Markopoulos non c'era ancora traccia. Provai allora a chiamare il recapito che mi aveva lasciato, quello della casa dov'era alloggiato. Dopo un'infinità di squilli, finalmente rispose una vecchia. "Buongiorno signora, c'è il signor Markopoulos per favore?" chiesi gentilmente.

L'avessi mai detto! "Ma chi cazzo è 'sto Macropulo?!!... Qua nun ce sta nessun Macropulo! A volete piantà de rompe li cojoni?"

Capii che aveva dato un numero sbagliato a più di una persona. E adesso?... All'una ero ancora solo come un cane, ormai sicuro che quell'incontro non si sarebbe mai verificato. Stavo alla quinta sigaretta, nervoso e contrariato, quando alle due sentii suonare! Corsi alla porta e aprii sorridente. Invece era il portiere sardo che, preoccupato, mi disse: "Signor Verdone, giù al portone c'è un tipo strano... Un mendicante che parla curioso... Dice che vuol salire da lei."

"Giorgio, lo faccia salire! Quello è un grande regista..."

"Come desidera... Ma stia attento."

"Ma attento di che? Abbia pazienza, lo faccia subito salire."

Richiusi la porta per riaprirla dopo due minuti. Mi prese un accidente! Markopoulos era davanti a me scapigliato, con la faccia stravolta, senza scarpe e con una maglietta più zozza di un elettrauto. Dopo i brevi saluti iniziali, cominciai a mostrargli la casa e i quadri d'autore. Li guardava ipnotizzato, barcollando leggermente. Subito pensai "O è ubriaco o si droga... Cazzi miei".

Nello studio di mio padre c'erano mille cose da vedere, ma lui si soffermò su un disegno incorniciato. Erano chiazze di colore con un sole e una specie di prato. "Fantastic!" esclamò.

Io rimasi basito perché stava dicendo "fantastic" non ad un quadro di Scialoja, Turcato o Dalì... Ma ad un disegno di Silvia fatto a scuola dalle suore, nell'ora di educazione artistica! "Ma questo è proprio scemo" pensai. Però mi sorse anche il dubbio che forse mia sorella, inconsapevolmente, aveva fatto un capolavoro. Continuammo per il salone. Lì di quadri importanti ce n'erano molti, ma la sua attenzione si posò sul carrello dei liquori. Restò fermo a osservarlo per più di un minuto, incantato da banali bottiglie di gin, whisky, vodka. Barcollava parecchio ed io ero più che sicuro di avere in casa un ubriaco fradicio. Poi allungò la mano sul Fernet, lo stappò, prese un bicchiere e lo riempì a metà. Gli feci capire che a stomaco vuoto sarebbe stato un disastro e gli chiesi se aveva mangiato. La risposta fu "Not yet..."

Ci guardammo interdetti e già maledicevo il momento in cui lo avevo invitato a casa. Mi giravano parecchio e non vedevo l'ora che sparisse. Un uomo in quelle condizioni era da cacciarlo via il prima possibile. Tanto non avrebbe seguito nulla di ciò che avrei desiderato presentargli. Alla fine mi disse una sola parola: "Pasta?... Have you pasta?".

Mentre lo guardavo bere il Fernet come un bicchier d'acqua, immaginai me che mettevo a bollire una pentola per due piatti di rigatoni e un'altra per un sugo da preparare in tre minuti. E così fu. Dopo qualche minuto, mentre rimestavo con rabbia i rigatoni nella pentola, sentii che si era alzato dalla sedia del tavolo in cucina e stava aprendo il frigorifero. Mi voltai e lo vidi prendere un piatto di merluzzo bollito. Lo aveva cucinato Sandrina per papà, che doveva seguire una dieta speciale per alcuni problemi di fegato. "No, no, no... This is for my father!" gli feci.

"Just a little piece..." ribatté con una faccia che voleva impietosire.

Allargai le braccia e, pur di levarmelo dalle palle, aggiunsi, in un pessimo inglese, di lasciarne un po' per la cena di mio padre. In conclusione, non solo fece sparire in un attimo tutto il merluzzo di papà, rovesciandogli sopra mezzo barattolo di maionese Kraft, ma divorò due piatti di rigatoni col pane spezzettato sopra! Sembrava veramente un morto di fame che non toccava cibo da una settimana. Tra il vino rosso, il Fernet, il merluzzo e quei due piatti di pasta al sugo, si era impataccato ancora di più quella maglietta... Più che un regista geniale mi appariva un miserabile zozzone, di quelli che trovi a mezzanotte alla Stazione Termini. Il tanfo che aveva lasciato in cucina era insopportabile, tant'è che lasciai la finestra spalancata.

Chiese di andare al bagno. Mentre lo accompagnavo lungo il corridoio si fermò a osservare, finalmente, una scultura di Ceroli. "Great!"

Gli spiegai che era di un grande scultore italiano e che quella era la sua prima opera esposta (un rinoceronte stilizzato di marmo). Poi lo presi per una spalla e gli indicai il bagno, dandogli un asciugamano. Dentro di me ripetevo "Ma che cazzo m'è venuto in mente...". Mentre Markopoulos era lì a tirare lo sciacquone, io predisponevo il proiettore per la visione. Visto il tragico andazzo di quella visita, decisi che gli avrei mostrato un solo film, il più breve: *Poesia solare*, immagini deformate da un caldo torrido estivo, con una musica elettronica di Xenakis e un pezzo strumentale dei primi Pink Floyd. Ero pronto, ma lui era ancora nel gabinetto. Mi avvicinai pian piano dietro la porta e origliai il rumore dell'acqua nel lavandino, intervallato da qualche rutto. "Mi dovesse vomitare per terra?!" pensai subito. Ormai era necessaria una scusa per buttarlo fuori di casa il prima possibile dopo la proiezione. Dopo ben venti minuti, dico venti, Markopoulos non usciva dal bagno e l'acqua del lavandino continuava a scorrere. Lo chiamai... Niente. Bussai, ma non rispose. Decisi di spalancare la porta che, fortunatamente, non aveva chiuso a chiave. Lo trovai a torso nudo, seduto sulla tazza in uno stato catatonico. "Oooooooh! Ma stai bene?" gli feci.

Schiuse gli occhi fissandomi e alzò il pollice per comunicarmi "OK". Neanche una tomba scoperchiata dopo una settimana poteva emanare quella puzza terrificante che impregnava l'elegante bagno dei miei genitori. Richiusi, e partirono a mezza voce (ma pure ad alta) diversi "Ma l'anima de li mortacci tua!"

Ero esausto e l'avrei voluto menare. Se quelli erano i comportamenti dell'"avanguardia" ero pronto a diventare monarchico! Dopo altri dieci minuti persi il lume della ragione, spalancai di nuovo la porta e lo trovai a farsi la barba col rasoio di papà. "Guarda che me ne devo andà! O vedi 'sto film o te ne vai" gli intimai.

Ricordo perfettamente che glielo dissi in italiano, ma con una mimica talmente efficace che non lasciava scampo alla precisa traduzione: "M'hai rotto i coglioni!". Richiusi la porta, quasi sbattendola, e mi piazzai vicino al proiettore in attesa di quel pazzo ubriaco. Finalmente arrivò. Aveva solo i pantaloni, la maglietta arrotolata in mano e i piedi luridi. Le sue ascelle emanavano l'odore dell'acido muriatico. Senza alcun pathos feci partire il filmino. Lui si sdraiò sul mio letto, aggiustandosi il cuscino per avere la testa dritta. Iniziarono a scorrere le prime immagini. Dopo un minuto mi fece: "Stop, stop..."

Mi chiese di togliere il commento musicale. Nacque una discussione vivace e alla fine si permise pure di alzare la voce, dicendomi che la potenza delle immagini non ha bisogno della musica. Che stavo quindi sbagliando. "Ma che cazzo dice questo? Gliel'avevo spiegato bene che erano poemetti visivi con sola musica!" pensai. Per tagliare corto chiusi il volume e lo lasciai solo. Non resistevo con quel fetore in camera mia. Aprii la finestra del bagno e poi tutte quelle di casa. Speravo di eliminare l'odore di Markopoulos, che sembrava fosse penetrato pure nelle tappezzerie dei divani. Guardavo l'orologio e mi dicevo "Dai, un quarto d'ora e l'incubo è finito!".

Improvvisamente sentii forte la sua voce: "Carlo, Carlo... What time is it?"

Mi stava chiedendo l'ora mentre consultava un'agendina piena zeppa di carte, cartine, biglietti da visita eccetera. Era chiaro che il mio film non lo stava seguendo affatto perché pensava a ben altre cose. E qui ebbi il colpo di genio per levarmelo di torno. "Sono le cinque! It's five o'clock, Gregory" gli risposi.

In realtà erano le quattro ma lui, non avendo l'orologio, ci cascò in pieno. Fece uno scatto e si alzò dal letto con un "Oh my God...". Mi fece capire che doveva andare in via Cavour da una persona e si trovava in ritardo. Mi sottolineò che era dispiaciuto e che potevamo prendere un altro appuntamento. "E come no!" dissi fra me. Mentre lo accompagnavo alla porta mi chiese se avevo una t-shirt pulita da prestargli, visto che era a torso nudo. Come un fulmine andai in camera e presi la più brutta maglietta del mio guardaroba. Mentre se la metteva, partì una seconda richiesta: "Can you call me a taxi?"

Al volo chiamai un taxi, mentre lui rientrava nel salotto per rifarsi un bicchiere di Fernet. *Dulcis in fundo*, arrivò la fatidica richiesta di prestargli i soldi per il taxi. Avevo nel mio portafogli solo diecimila lire, ma gliele diedi volentieri pur di non rivederlo mai più nella mia vita. Lo feci entrare in ascensore e, dopo una pacca sulla spalla, gli dissi: "Thank you Gregory. You are the greatest!"

Anche lui mi rispose, ma non capii assolutamente nulla o quasi. Stava accennando qualcosa ai soli dieci minuti che aveva visto del mio film e sembrava volesse trattarli con finta serietà. Francamente, del suo giudizio non mi fregava più nulla. Mentre l'ascensore si portava via Markopoulos e il suo odore criminale allargai le braccia, felice di essere uscito da un vero incubo. Invece mi assalì subito un dubbio... Mi precipitai nel salotto e mi accorsi che se n'era andato via col bicchiere di cristallo pieno di Fernet. Un servizio da otto si era ridotto a sette. Ma non fu l'unica cosa a mancare. La mattina dopo sentii papà sbraitare perché non trovava più il suo rasoio e lo spazzolino da denti. Si era portato via pure quelli!

Sarà stato un genio, uno sperimentatore, un avanguardista... Ma oggi di Markopoulos non riesco più a fissare nella mia mente una sola pellicola. L'unica immagine che per me resterà indelebile è quella di lui, seduto sulla tazza del cesso, che col pollice mi fa il segno dell'OK.

Quel fotogramma avrà per sempre un unico significato: la visita del cinema *underground* americano a casa Verdone.

18

Le saliere dello Scià di Persia

di Gianna Scarpelli

Ho conosciuto Carlo a casa di una coppia di amici, Fabio e Silvia. In una di quelle serate in cui non si ha voglia di uscire e si preferirebbe stare in compagnia di un buon libro.

Silvia insistette molto perché andassi a cena da loro, promettendomi una serata divertente e rilassante insieme ad altri amici. Ma quali amici… Eravamo in quattro! Il "quarto" era Carlo. Insomma, come poi Fabio e Silvia ammisero negli anni a venire, l'incontro fu combinato appositamente, nella ferma convinzione che Carlo e io potessimo essere fatti l'uno per l'altra. E in parte hanno avuto ragione.

Dopo esserci frequentati per un po', si profilò all'orizzonte il momento delle fatidiche presentazioni alle rispettive famiglie. Da qui il mio primo incontro con la *casa sopra i portici*.

Carlo ne parlava spesso, anche in maniera indiretta, quando descriveva i ricordi della sua infanzia, i personaggi famosi che la frequentavano e gli amici che si fermavano spesso a cena. Quella casa non era solo un luogo fisico o un semplice sfondo di eventi, bensì la protagonista della storia di una grande famiglia.

Carlo decise che mi avrebbe presentata ai suoi invitandomi per un tè. Puntuale, all'ora stabilita, suonai emozionata il campanello, la "famosa" testina di leone.

Dopo un tempo che mi sembrò interminabile, venne ad aprirmi una signora, Novilia. “Buonasera signorina… Prego si accomodi” disse con marcato accento toscano. Mi accompagnò in salotto e mi ci chiuse dentro. Di Carlo neanche l’ombra. Uno dei “difetti preferiti” del Carlo di allora era la mancanza di puntualità.

I minuti passavano e non si vedeva nessuno. Il salotto aveva alcune porte con vetri decorati, oscurati in parte da pesanti tende di velluto che attutivano i rumori e impedivano di vedere cosa succedesse al di fuori della stanza. Per ingannare l’attesa iniziai a guardarmi intorno. Con mio stupore vidi che c’erano quadri importanti e foto del papà di Carlo insieme a Vittorio De Sica, Roberto Rossellini, Federico Fellini, Ettore Scola, Pier Paolo Pasolini. Tutti passati per quel salotto. Ma anche foto con dedica personale di Charlie Chaplin, Laurence Olivier, Georg Wilhelm Pabst, Akira Kurosawa, René Clair. E poi i cristalli, le lampade, il pianoforte che la mamma di Carlo amava suonare. Lo aprii e, timidamente, accennai un Notturno di Chopin. “Non può disturbare” pensai. Mi sbagliavo. Dopo poche battute, dalla stanza accanto esplose una voce ferma, anch’essa dall’accento toscano: “Rossanaaaa! Sto correggendo le bozze… ‘Un mi riesce di concentrarmi se suoni…”. Ecco che avevo fatto arrabbiare il professor Verdone!

Richiusi il pianoforte e sperai nell’arrivo di Carlo.

Non ho mai capito se lo avesse fatto apposta, ma io e la madre ci presentammo da sole. Rossana entrò, seguita da Pisquina, la cagnolina di mia cognata Silvia che aveva portato a fare un giretto sotto i portici, in attesa dell'arrivo di Carlo il quale, finalmente, arrivò. Si presentò recitando la parte del "perfetto trafelato" cui, in un'ora, era successo di tutto.

Lì sperimentai, da vittima, la sua bravura nella recitazione. Guardando Rossana ridere divertita a quella sceneggiata fuori programma, capii che lo aveva perdonato e che lo avrebbe fatto sempre.

Arrivò poi il giorno della presentazione ai miei. Cosa gli avrei raccontato? Che frequentavo un ragazzo che scriveva sketch per la radio? Che si era diplomato al Centro Sperimentale di Cinematografia? Che faceva spettacoli teatrali in umide cantine? Che, sì, faceva ridere, però solo a vederlo recitare... Perché a leggere i testi non si capiva nulla della sua comicità. Anzi, sembravano addirittura banali.

Ero preoccupatissima. Nelle aspettative di una famiglia borghese, come futuro genero si pensa sempre ad un serio professionista: un medico, un avvocato, un ingegnere. Ma il comico no, non è previsto. Dopo aver rimandato almeno un paio di volte l'incontro con varie scuse, alla fine mi rassegnai e decisi di affrontare la situazione. Chiesi a Carlo di venire a prendermi a casa per andare a mangiare una pizza e di salire su, trattenendosi al massimo dieci minuti tanto per rompere il ghiaccio. Avvisai i miei che quella sera avrebbero conosciuto il ragazzo che stavo frequentando da qualche mese. Mio fratello, solitamente disinteressato alle mie vicende sentimentali, quella sera, curiosissimo, si piazzò sulla poltrona fingendo di sfo-

gliare distrattamente un quotidiano. Mia madre, invece, controllava nervosamente l'orologio, sapendo che mio padre, pilota di aerei, non avrebbe mai rinunciato al suo rito delle 19:50: le previsioni del tempo del Colonnello Bernacca. Tutto si poteva chiedere a mio padre, tranne che disturbarlo durante quei dieci minuti di meteorologia.

A che ora arrivò Carlo? Alle 19:45. Il tempo di salire veloce le scale del giardino che già la musichetta annunciava l'arrivo del Colonnello. "Buonasera" disse un po' impacciato. Mia madre non si mosse, mio fratello fece una finta tossetta di circostanza, che lasciava presagire chissà quali perplessità. Io ero paralizzata, vicino alla porta, quando mio padre si girò verso Carlo dicendo: "Ma hai visto che razza di perturbazione sta arrivando dalle Azzorre?"

Anche Carlo era ed è appassionato di meteorologia, e così, con grande naturalezza, si misero a commentare insieme per dieci minuti i cumuli nembi, i cirri, gli anticicloni, le depressioni atlantiche e i venti da nord-ovest. Era fatta... Un interesse comune ce l'avevano!

Di quella grande casa sopra i portici conservo moltissimi ricordi, ma due, in particolare, mi sono molto cari. Dietro alla cucina si apriva un piccolo corridoio che dava in un locale appartato adibito, tempo prima, a stanza da letto delle domestiche fisse. In quel periodo era diventato un ripostiglio-dispensa-stireria che,

Con Gianna (1978).

all'occasione, Carlo trasformava in camera oscura. Infatti lì, con appositi teli neri che impedivano alla luce di entrare, allestiva vaschette con gli acidi, fili con le mollette dei panni e la classica lampada rossa. Era un vero e proprio laboratorio di sviluppo e stampa delle foto che lui scattava a tutto ciò che lo ispirava: amici, parenti, fidanzate, paesaggi, soggetti "sperimentali", eccetera.

Per me era quasi una magia veder comparire le immagini, azzeccare il momento giusto in cui togliere dalla vaschetta le foto per appenderle poi ad asciugare. Carlo sapeva bene come fare e decideva tutto, io ero l'aiutante che eseguiva le sue indicazioni. Ancora oggi, alcune delle foto che vengono pubblicate sono state stampate lì, in quella "stanzetta delle immagini".

L'altro ricordo che conservo con nostalgia è la prima cena a casa sua. Fui invitata da Rossana e c'era tutta la famiglia De Sica, gli zii Schiavina e il famoso zio Lillo, ovvero Giulio Cesare Nerilli. Era il cugino della madre di Carlo, un insigne studioso della storia di Roma, membro dell'Accademia dei Romanisti e possessore di uno dei più bei presepi napoletani del Settecento che abbia mai visto in una casa privata.

Era una presentazione ufficiale al resto della famiglia. Mi sentivo a disagio, sembrava che tutti mi squadrassero e avevo la sensazione di dover passare un esame. A cominciare dall'abbigliamento. Insomma,

2 Agosto 1980... L'evento che mi fece uscire dalla casa sopra i portici.

non ero proprio rilassata e avevo perso completamente la mia spontaneità. Ci pensò Mario, il mio futuro suocero, a togliermi dall'imbarazzo raccontando – tra generali brontolii di disappunto – per l'ennesima volta (per me era la prima) la storia delle piccole saliere dello Scià di Persia. Carlo allargò le braccia dicendo: "Basta papà... Ancora co' 'sta storia delle saliere! L'hai raccontata cento volte. Pietà!"

Mario invece, pieno d'entusiasmo, voleva ricordarla ancora. Iniziò a raccontare, poi si alzò, aprì le ante di una cristalliera della sala da pranzo e prese due piccole saliere segnaposto di finissima porcellana bianca, con decorazioni in oro zecchino, sulle quali erano state incise, sul Trono del Pavone, le iniziali di Mohammad Reza Pahlavi, l'ultimo Scià di Persia.

Mario, l'autorevole e serio professore di Storia del Cinema, scrittore e critico cinematografico, se l'era fatte "scivolare" in tasca, come souvenir, alla fine della cena di gala offerta alle delegazioni straniere in occasione del Festival delle Arti in Iran. Il bello è che andava molto fiero di quel furto così audace. Concludendo il suo racconto, Mario scoppiò nella sua celebre, fragorosa, risata; ancora oggi rimasta in famiglia grazie a mio cognato Luca, che l'ha ereditata e la ripropone a volume ancora più alto.

Quelle due piccole saliere sono ora imballate insieme a tutti gli oggetti che hanno dovuto lasciare la *casa sopra i portici*... Ma so che un giorno usciranno dalla scatola e torneranno a raccontare la loro storia alle future generazioni dei Verdone.

19

Vai fregnone, che un giorno mi ringrazierai!

Devo ammettere che quando mio padre partiva per un viaggio ero contento perché potevo distendermi a letto accanto a mia madre: mi piaceva chiacchierare con lei fino ad addormentarmi. Era la saggezza personificata, era rassicurante, era la psicanalista dei suoi figli ed era capace di intuire tutto al volo. Compreso il talento che iniziai a mettere fuori sin da quando facevo le imitazioni di parenti e amici. Credeva in me perché, quando iniziai a scrivere lo spettacolo di debutto, le sembrava un fatto normale.

Tutto nacque da una sera in cui andai a vedere, insieme a un amico inglese, uno spettacolo del Patagruppo (una compagnia teatrale d'avanguardia) al teatro Alberichino. Al termine dell'esibizione, m'intrattenni a cena con gli attori e lì iniziai a fare qualche imitazione e a raccontare episodi di vita quotidiana secondo la mia "visione". Con noi c'era anche Antonio Obbino, il direttore del teatro, una persona molto attenta ai fenomeni *off*. "Sono convinto che tu abbia un gran talento comico. Funzioneresti alla grande su questo palco" mi disse a fine cena.

"Lei crede?"

"Certo. Perché non scrivi un po' di monologhi e ti prendi il teatro per una quindicina di giorni?"

Tutto entusiasta, presi la palla al balzo e risposi

che avrei fatto uno spettacolo in coppia con Daniele Formica perché, nonostante lui fosse soprattutto un mimo, mi sarei sentito più sicuro. Invece feci tutto da solo perché Daniele si tirò fuori a sette giorni dalla prima, liquidandomi con un sintetico "Non me la sento più". Mi trovai nella merda. Avevo anche anticipato la sua parte di soldi per pagare il teatro. Disperato, chiamai Obbino per annullare tutto e farmi restituire la somma di anticipo versata, al netto della penale da pagare. "Ahò Carlo, abbiamo bloccato l'Alberichino per quindici giorni, che fàmo adesso? Ciò conserviamo vuoto? Scrivi qualcosa e famolo comunque 'sto spettacolo!" disse, ignorando le mie suppliche.

Dopo aver ascoltato quella telefonata, mamma mi urlò: "Piantala cacasotto e vai avanti!"

Piombai nel più nero sconforto. Non ero pienamente consapevole delle mie possibilità e le mie esperienze consistevano in alcune rappresentazioni universitarie con Luca, durante le quali avevo evidenziato discrete capacità trasformistiche. Il pensiero di perdere trecentomila lire (che all'epoca, per uno studente universitario, era una cifra enorme) mi fece stendere velocemente il testo. Il primo monologo che scrissi fu il discorso del prete lucano di *Cari fratelli, cari sposi*, poi abbozzai quello del marito logorroico

Davanti al teatro Alberichino, nel giorno del mio debutto con *Tali e quali* (1977).

ALBERICO
ROSMUNDA
PAOLO POLI
TALI & QUALI
CARLO VERDONE
DANIELA FERRARI
MAURO DE SICA
ALBERICHINO

(che a breve sarebbe diventato Furio) e, infine, quello del bullo trasteverino e del professore di applicazioni tecniche.

Il giorno della prima di *Tali e quali*, questo il nome dello spettacolo, stavo malissimo. Non avevo fatto alcun tipo di allenamento mnemonico e avevo paura di non ricordare le battute. Mi sentivo un dilettante allo sbaraglio. Quando mi avvisarono che sarebbero venuti critici teatrali come Garrone, Casiraghi e Prosperi mi prese il panico totale. Prima di scendere da casa, chiesi a mia madre di darmi un ansiolitico. Lei mi rispose severamente: "Se non vai subito al teatro ti mollo un calcio in culo".

Poi prese la mia borsa piena di attrezzi scenici come il cappello, la pistoletta, le mascherine, gli occhiali e tutto ciò che serviva ai miei personaggi fatti di niente e mi aprì la porta. Sulla soglia supplicai ancora di darmi l'ansiolitico, invece lei mi consegnò la borsa e davvero mi mollò un calcio in culo, gridandomi amorevolmente: "Vai fregnone, che un giorno mi ringrazierai!"

Una volta giunto al teatro mi prese una colite nervosa da paura e andai dieci volte al bagno, continuamente, al punto da ritardare l'inizio dello spettacolo. Obbino non ce la fece più e mi venne a prelevare in camerino minacciandomi: "Ci sono tutti gli spettatori, compresi i critici che sono incazzatissimi. Vai in scena, fai lo spettacolo e vaffanculo!"

Finalmente salii sul palco e Dio volle che, dopo appena venti secondi, saltassi una battuta senza che qualcuno se ne accorgesse, così passai direttamente alla successiva. Scattò poi una gag mimica che fece scoppiare a ridere gli spettatori. In quel momento pensai che stavo comunicando bene, che ero positivo, che funzionavo. I miei tempi diventarono più sicuri e disinvolti, perché avvertivo la partecipazione del pubblico. Miglioravo minuto dopo minuto e mi sentivo sicuro. Così passarono tutti i cinquantacinque minuti di spettacolo, che a me sembrarono ore. Il pubblico applaudì con incredibile entusiasmo e le recensioni che uscirono il giorno dopo sui giornali furono positive. Ero felicissimo.

La sera della quinta replica non c'erano spettatori. Ne arrivò uno mentre ormai si stava calando la serranda del teatro ma, ricordandomi le parole di mio padre "Professionalità significa recitare anche per un solo spettatore", decisi di fare comunque lo spettacolo. Venni a sapere dopo che quello spettatore era Franco Cordelli, il critico di *Paese Sera*. Due giorni dopo uscì sul quotidiano un'intera pagina sul mio spettacolo, con un titolone: "È nato un nuovo Fregoli, si chiama Carlo Verdone".

A tali e quali seguì *Rimanga fra noi*, la cui storia ruotava intorno ad una sfilata di personaggi che andavano a rendere omaggio alla salma dell'amico defunto. Era una vicenda un po' *pirandelliana*, perché ognuno di loro raccontava la sua riguardo l'estinto e alla fine ne usciva fuori un identikit contraddittorio, sospeso tra grande uomo e grande stronzo. In platea c'erano personalità come Sergio Leone, Enzo Siciliano, Paolo Poli, Enrico Lucherini, Steno, Franco Zef-

firelli, Enzo Trapani. Una sera venne anche Fellini, il quale apprezzò molto lo spettacolo e scrisse a mio padre una breve lettera che diceva: "Caro Mariuccio, ho visto ieri a teatro lo spettacolo di Carletto. Penso che se la cavi molto bene. Speriamo che abbia fortuna perché quel ragazzo ha molto talento."

Tutto iniziò in quel teatrino da cinquanta posti che, al termine degli spettacoli, diventava ristorante...

Teatro Alberichino. *Tali e quali*: il monologo del professore di applicazioni tecniche (1977).

Teatro Alberichino, *Tali e quali*: il monologo del prete di campagna (1977).

20

Quel patto altissimo stretto con Dio

Quando la benevolenza del destino ti accompagna negli anni, per tanti lunghi anni, tutto sembra come immortale. Il pensiero della morte ti sfiora appena, senza troppa paura. La vedi sempre negli altri e non ti soffermi più di tanto a temerla. Sembra un evento ancora molto lontano e t'illudi, nella strana convinzione che mai busserà alla porta della tua casa... Come se avesse una sorta di rispetto per te e i tuoi cari.

Ma nel 1981 la morte aveva iniziato a salire lentamente le scale della nostra dimora. Quei quattro piani li fece lentamente, uno all'anno.

Cercava mia madre, il cuore della nostra famiglia. La donna più amabile, generosa e protettiva che il destino poteva donarci. L'ultima persona al mondo che meritava un supplizio così drammatico e straziante. Perdemmo la fede. Perdemmo il sonno, perdemmo di colpo la consapevolezza dell'invulnerabilità della nostra famiglia forte e compatta. E mese dopo mese perdemmo ogni speranza che la nostra casa avesse una speciale protezione.

Quell'angoscioso evento incrinò soprattutto la fede di mio padre. Tant'è che, di ritorno da un viaggio

Mamma sul terrazzo (1941).

a Berlino, mi raccontò con asprezza: "Durante il volo siamo incappati in una turbolenza paurosa sopra le Alpi. Era talmente forte che l'aereo sembrava dovesse precipitare… Sono talmente stanco, amareggiato e addolorato per tutto quello che sta succedendo alla famiglia che ho pregato con tutte le mie forze Dio affinché facesse cadere quell'aereo! Volevo che si schiantasse su quelle montagne. Basta, non è vita questa! Non è vita questa… maledizione!".

Quello fu un momento di grandissimo sconforto, lo vidi davvero vacillare.

Smarriti, per quattro lunghi interminabili anni, spossati nell'anima, pregammo Dio (se fosse esistito) di portare via mamma al più presto con sé.

Lo fece nel giugno del 1984. Avrei desiderato farle conoscere i miei futuri figli… avrei voluto che potessero pronunciare la parola "nonna". Ma non fu possibile. Ne uscimmo a pezzi. Gli uomini di casa Verdone furono meno forti. Né io, né Luca, né mio padre riuscimmo a reggere quegli anni cupi e dolorosi. Eravamo storditi, incapaci di tutto.

Robusta lo fu – molto più di noi – Silvia, che visse questo dolore in gravidanza, partorendo il suo primo figlio Brando quindici mesi prima della scomparsa di mamma. La veniva a trovare quasi tutti i pomeriggi, portando il bimbo nel passeggino. Mia sorella, negli anni, mi è apparsa come una donna di una forza incredibile. Per questo, col passare del tempo, le vogliamo ancora più bene. Perché ci è stata di grande esempio in tante situazioni difficili.

Amabile lo fu anche mia moglie Gianna, che trascorse intere giornate a distrarre amorevolmente nostra madre con letture di autori che lei amava.

Fu un colpo durissimo per tutti noi. Eravamo addolorati ma, nel contempo, anche più sollevati perché aveva finito di soffrire. Il giorno dei funerali, i commercianti della zona Monte di Pietà fecero un commovente gesto di affetto, amicizia e rispetto nei nostri confronti: al passaggio del feretro tutti abbassarono la serranda del negozio e chinarono la testa. Lo fecero tutti, anche i negozianti più *strani* dai quali non mi sarei aspettato una cosa del genere. Fu un gesto che mi fece amare ancor di più il mio quartiere.

All'interno della Chiesa di San Carlo ai Catinari mi misi accanto al sacerdote e, rivolgendomi a tutta la famiglia, dissi: "In questo giorno di grande tristezza e dolore dobbiamo forse essere felici di una cosa. Anzi, dobbiamo essere enormemente felici. Felici per aver ricevuto il dono di una madre così straordinaria. È andata via presto tra mille sofferenze… Però ci ha lasciato molto no? Se siamo credenti dobbiamo allora ringraziare Dio che ce l'ha donata."

Mio padre si commosse molto per quelle parole, stemperando finalmente quel cinismo che lo aveva ormai totalmente avvolto. In quel momento si sentiva un uomo nudo e vulnerabile perché era dipeso molto da mia madre. Lui era la mente, l'uomo intellettuale, lo studioso autorevole, il grande educatore, lei era la donna pratica, l'organizzatrice, quella che portava i conti, la psicologa che capiva al volo i pensieri e le necessità di tutta la famiglia. Insieme erano una coppia perfetta perché si compensavano a vicenda.

Quando erano ancora fidanzati, mamma scrisse una bellissima lettera che conteneva questo passo: "Mario, amore mio, devi sapere che ho chiesto un dono a Dio. Sempre che Lui vorrà esaudirmi. Ho chiesto di mettere al mondo tre figli: due maschi e una femmina. Sarebbe l'ideale. Però ho anche fatto un patto con Lui. Vorrei che io non debba mai vedere morire i miei figli, costi quel che costi. Non reggerei al dolore ed è giusto che loro vivano e vadano avanti come ho fatto io."

Sono sicuro che Dio deve averla ascoltata, perché è avvenuto esattamente ciò che desiderava. Ha avuto due maschi e una femmina e ha lasciato tutti noi ventotto anni fa.

Si può essere credenti o meno, ma quel patto altissimo che lei stipulò tanti anni prima è stato chiaramente accolto...

Dopo quel mese di giugno del 1984 la casa non fu più la stessa. Aveva perso completamente la sua affettuosa serenità. Era sempre uguale, ma sbiadita, seria, senza vibrazioni, buia, silenziosa. Troppo silenziosa. Le luci filtravano come lame opache dalle lunghe persiane schiuse e la sua austerità si percepiva dal solitario *tic tlac tic tlac* della macchina da scrivere di mio padre. Un suono che era la colonna sonora di una grande dimora, con tanta oscurità e poche luci accese.

Mia madre a vent'anni. L'angelo della nostra casa.

21

I cassetti e gli armadi

Quando mamma lasciò per sempre tutti noi e la casa, mi ero già sposato con Gianna da circa quattro anni. Ero tanto preoccupato per papà. Nonostante le distrazioni dei suoi continui impegni di lavoro, i primi anni non faceva altro che pensare alla sua amata compagna di vita. Apparentemente sembrava forte, invece era fragile... Si sentiva molto solo, nonostante fosse circondato da tanti amici e dall'affetto di tutti noi.

Appena possibile, lo andavo a trovare a casa. Da parte sua cercava sempre di tranquillizzarmi, ma nei suoi occhi leggevo chiaramente tutta la malinconia che portava dentro. Durante quelle visite riuscivo a percepire il suono del silenzio. La densità della solitudine. Personalmente, non ho mai avuto paura della solitudine anzi, la cercavo. Mi piaceva la quiete della mia grande casa, quando ero solo, perché era piena di stanze, di colori, di odori, di finestre. Mi sentivo protetto in un enorme corpo vivente e affascinante. Quei tanti, troppi, libri, il colore delle tele sulle pareti, la luce che filtrava dalle persiane, la rendevano piena di poesia.

Mi piaceva ascoltare solo un rumore: quello dell'acqua del sopravanzo di un vecchio cassone che sgorgava perennemente, nella vasca del terrazzo, da una testa di fauno in terracotta. Gliel'avevo messa io a sedici anni. Era l'acqua che sarebbe servita ad annaffiare le piante con un secchio enorme. Adoravo ascoltare il rumore della pioggia e dell'acqua. Era come sentire la voce discreta, leggera e rassicurante della vita. Mi emozionavo a guardare il cielo dalle finestre quando si faceva sera. E quando era coperto dalle nuvole mi sentivo riparato e sereno. Era come un morbido soffitto che mi difendeva dalle ansie, dalla paura dell'infinito e dall'immenso vuoto. I grandi spazi vuoti mi hanno sempre creato un grande disagio, se non addirittura terrore. Ho sempre avuto problemi di agorafobia e li avrò per sempre.

Al termine della visita, prima di andare via, mi piaceva entrare nelle varie stanze e aprire un mobile, un cassetto. C'era sempre qualcosa che aveva un significato. Vecchie fotografie Polaroid o in bianco e nero, lettere, penne antiche, qualche moneta straniera risalente ai viaggi all'estero di mio padre, un pacchetto di sigarette da me nascosto e poi dimenticato, un biglietto ferroviario, una vecchia agenda telefonica di qualche anno prima... I cassetti della scrivania di mio padre avevano un odore particolare: d'inchiostro, di lapis, di gomme da cancellare. Un odore quasi ottocentesco. Era il suo odore, quello di un uomo che scriveva sempre.

I cassetti nella camera di mia madre erano profumati. Un profumo di oggetti antichi. Un libro per le preghiere del suo periodo liceale, alcuni rosari appar-

Una lettera di auguri di papà, prima dell'esame di riparazione in terza media (1963).

C I C T **I F T C**

CONSEIL INTERNATIONAL DU CINÉMA ET DE LA TÉLÉVISION - INTERNATIONAL FILM AND TELEVISION COUNCIL

Venezia 30/8/63

Caro Carletto

ti scrivo due righe prima che tu vada a Roma a fare gli esami. Mi spiace di essere lontano in questo momento, ma tu sai che assistere alla Mostra del cinema rientra nel mio lavoro.

Voglio ricordarti che i tuoi esami costituiscono un serio impegno e una responsabilità. Hai sacrificato tua mamma, me, e te stesso, costringendoti a studiare quando potevi soltanto riposarti. Comunque sia, fa che ora vada tutto bene, e così anche tu e i tuoi

SIÈGE: VIA SANTA SUSANNA 17, ROME. TÉL.: 486.509 - BUREAUX À PARIS: 26, AVENUE DE SÉGUR, PARIS VII. TÉL.: SUFFREN 86-00 - POSTE 38-90 genitori saranno ugualmente contenti.

Soprattutto per il fatto che noi saremo assenti, ti faccia considerare con maggiore senso di responsabilità la cosa.

Io sono certo che tutto andrà bene e non vedo l'ora di apprendere il buon esito e di riabbracciarti.

E naturalmente penso che, se tutto si concluderà per il meglio, non avrai da pentirtene!

Quindi... forza Carlo, e tanti baci da papà, anche per mamma, Luca e Livia.

Saluti tutti.

tuo aff.mo

Babbo

tenuti a qualche familiare, un libro di Goethe, uno di Leopardi in un'edizione del 1943, un altro ancora di Flaiano, le nostre fotografie da bambini e quelle dei suoi genitori.

Qua e là, tra le tante lettere delle sue amiche e due piccoli binocoli da palco d'opera, foglie di cedrina che davano quel profumo così particolare, di altri tempi, ai suoi cassetti. Poi le sue spille, qualche bracciale, il ventaglio di sua madre Fernanda e gli occhiali da lettura. Un cassetto di una donna perbene, devota e colta. Mia madre.

Quando zio Gastone abitava ancora con noi, anche lui aveva una scrivania con dei cassetti. Ed era bello aprirli in sua assenza perché ci poteva essere sempre una sorpresa. Tutta la sua stanza era impregnata di brillantina Linetti, un odore tipico di chi sta spesso fuori con amici. Nel cassetto sigarette Stop senza filtro, tubetti di Optalidon, accendini Ronson, un vecchio Rolex d'acciaio, un pettinino, una foto di lui con un'americana nella casa di Anthony Quinn a Los Angeles e un'altra a Capri nella Piazzetta. Un paio di occhiali da sole – identici a quelli di Mastroianni ne *La dolce vita* e un mazzo di chiavi di riserva della Giulietta Sprint. Toccavo tutto, guardavo tutto. Respiravo quella brillantina che me lo faceva materializzare davanti e, puntualmente, gli fregavo un paio di sigarette.

I nostri cassetti erano lo specchio delle anime di quella casa. Del periodo più bello della mia adolescenza... Quando conoscevo solo la parola *vita* e non la parola *morte*.

22

Auguri per tutto, figlio mio…

In genere, quando un genitore è molto anziano, ci si prepara lentamente alla sua "partenza". Ci si pensa spesso e si comincia a metabolizzare l'arrivo di quel drammatico giorno. Noi tutti, in qualche modo, credevamo di sopportare con grande e dolorosa filosofia la sua partenza. Ma è accaduto qualcosa di speciale. E cioè che nostro padre ha dato il meglio di se stesso proprio in quei giorni di ricovero per la malattia. Ci è apparso un altro lato della sua grande persona che non sapevamo essere così elevato.

Tutti noi siamo a conoscenza di quella che è stata la sua grande cultura, la sua insaziabile voglia di apprendere, i suoi molteplici interessi per il cinema, il teatro, la pittura, le avanguardie storiche, la musica. Giornali e televisioni ne hanno parlato tanto. Molti conosceranno i suoi preziosi saggi su periodi storici, personaggi importanti nel campo dell'arte e la sua non banalità nel celebrare solo "l'universalmente riconosciuto", ma privilegiando quegli autori di grande talento cui il destino non aveva regalato il giusto riconoscimento. Di queste virtù e di altri meriti, chi lo ha studiato sa bene che ne era colmo.

La sua grandezza d'uomo ci è apparsa nelle sue ultime ore. Abbiamo visto coi nostri occhi la grande dignità, l'immensa discrezione di un uomo ricco di valori e umile nello spirito. Al punto che non osava suonare il campanello di chiamata per non scomodare gli infermieri. A noi figli diceva: "Non disturbatevi troppo a venire fin qui... Perdete mezza giornata nel traffico".

Un giorno mi pregò di andarlo a trovare solo il sabato, perché aveva paura che mi deconcentrassi per il mio film. "Lo devi far bene! È un argomento delicato, non sbagliare nulla" mi diceva. "Pensa al tuo lavoro e non a un viaggiatore che aspetta un treno in ritardo."

Fermo, a sua insaputa, sulla soglia della porta, ascoltai un discorso che fece a mio figlio Paolo. Gli disse: "Paolo, tu devi portare avanti il nome dei Verdone. Hai una grande responsabilità... Non voglio che tu abbia il nome sui giornali o che tu sia ricco. Voglio che tu sia un uomo retto nella vita. La tua ricchezza deve essere solo la tua grande dignità. Perché oggi la dignità non esiste più... Hai capito?"

Il giorno dopo Paolo corse in clinica a dirgli che aveva preso trenta ad un esame. Mio padre gli sorrise a lungo, commosso e soddisfatto.

La sua ultima immagine è quella che mi porterò per sempre nel mio cuore. Dopo averlo baciato sulla sedia del terrazzino della clinica, gli dissi: "Domani ho una giornata lunga e dura, forse dopodomani ce la faccio a tornare..."

Lui chinò il capo signorilmente, mi sorrise e con voce amabile mi rispose: "Auguri per tutto figlio mio."

Con papà e mamma... che mi tiene sempre per mano (1977).

23

Carlo, colora per l'ultima volta la casa con la tua musica

Mancava circa un'ora all'arrivo dell'incaricato del Vaticano. Non volevo lasciare la casa in quel modo triste. Allora mi chiesi: "Carlo, qual è la canzone che identifica la tua stanza e la tua vita in quella casa? Quella che la colora meglio?". Dopo averci riflettuto qualche minuto arrivai alla risposta: *Are you experienced?* di Jimi Hendrix, quella che avevo ascoltato di più in assoluto. Rappresentava per me il talento estremo, l'energia positiva, il nuovo. Amavo *Foxy Lady* e *Fire*, però questa aveva un tocco in più. Era rivoluzione, genialità, psichedelia pura. Addirittura la utilizzavo come sottofondo mentre studiavo. La suonavo in continuazione.

Mi venne un'idea. Guardai nuovamente l'orologio e mi accorsi di avere ancora tempo sufficiente. Andai di corsa a casa mia, presi l'iPod e la videocamera e ritornai, con un fiatone tremendo, a Lungotevere dei Vallati.

Ero di nuovo sulla soglia della porta, sudato e con il cuore a mille, però mi sentivo meno triste perché ero ormai consapevole che tutti quei momenti meravigliosi sarebbero rimasti per sempre custoditi dentro di me. Luminosi e integri.

Avevo deciso di realizzare una ripresa alla casa così com'era in quel momento: spoglia e buia. Poi ci avrei fatto un montaggio con la canzone di Hendrix. Azionai la telecamera in registrazione, attaccando nel contempo *Are you experienced?* sull'iPod. Il volume era abbastanza alto. Il pezzo iniziava con un "effetto" tipo nastro suonato al contrario... Al primo tocco di batteria di Mitch Mitchell iniziai a percorrere il corridoio.

If you can just get your mind together
Then come on across to me
We'll hold hands and then we'll watch the sunrise
From the bottom of the sea

Lo studio di mio padre... La libreria, la scrivania...

But first, are you experienced?
Have you ever been experienced?
Well, I have

Le camere di Silvia e Luca. Ero consapevole che le riprese fossero traballanti, concitate... Ma non m'importava. Dovevo fermare il tempo.

I know, I know you probably scream and cry
That your little world won't let you go
But who in your measly little world
Are you trying to prove that
You're made out of gold and, eh, can't be sold

La sala da pranzo. Il tavolo, le discussioni, la ragazza che guardava verso il Gianicolo... Mille volti, mille voci...

La famiglia Verdone al completo (1973).

So, are you experienced?
Have you ever been experienced?
Well, I have
Let me prove you...

Sentivo che la giornata stava volgendo al termine nel modo giusto... Accelerai il passo e mi ritrovai nella mia camera. Per un istante mi sembrò di rivedere sulla parete il poster dei Who *Live At Leeds*, la mia batteria Premier davanti alla finestra, l'odiato libro di matematica sul tavolo.

Trumpets and violins I can hear in distance
I think they're calling our names
Maybe now you can't hear them, but you will
If you just take hold of my hand

Infiammato come le corde della chitarra di Hendrix, cominciai a correre dirigendomi verso il salone... La gente, le risate, la musica.
Mi lanciai sul terrazzo, concludendo la ripresa in modo liberatorio su quel panorama unico. Le immagini deflagrarono e sfumarono insieme alla canzone... Come una dissolvenza in bianco.
Ne ero sicuro, avevo girato un gran bel film. Dolce e doloroso. Il film della mia vita.

Oh, but are you experienced?
Have you ever been experienced?
Not necessarily stoned, but beautiful...

24

Il canto serale di un Muezzin portato dal vento

Sistemare le cose di mio padre, durante il trasloco, fu un'impresa durissima. Riponemmo nelle casse qualcosa come 10.500 volumi, un grande numero di quadri e non ricordo quanto mobilio. Durò tutto sei mesi e fu davvero massacrante. Decisi di affidare tutta la parte fotografica al mio segretario Ivo, raccomandandogli di dare un ordine cronologico e sequenziale: le foto dei miei prima del matrimonio poi, dopo il matrimonio, quelle in bianco e nero, poi quelle a colori, poi quelle con i figli, eccetera.

Una mattina venne Ivo e, tutto entusiasta, mi disse che aveva trovato una fotografia di mia madre a diciotto anni. Era una foto bellissima che non conoscevo, eppure credevo di aver guardato dappertutto. Aveva un volto dolce, delicato, amorevole. Preso da una grande euforia, portai la foto con me allo studio di via Giulia, mi sedetti sul divano e iniziai a guardarla. Ero immerso nel silenzio e cominciai ad avere la sensazione che mamma fosse lì accanto a me. In quel momento rivolsi a lei un pensiero, una preghiera di quelle che facciamo un po' tutti...

"Mamma ti prego, aiutami a conservare bene la mia famiglia, di stare accanto ai miei figli il più tempo possibile e nel migliore dei modi. Aiuta i miei figli, i tuoi nipoti, ad ottenere un futuro dignitoso, pieno di soddisfazioni personali. Aiutami a crescerli bene come hai fatto tu con me..."

Non feci in tempo a terminarla che, improvvisamente, squillò il telefono facendomi sobbalzare. Era l'ufficio stampa Lucherini-Pignatelli per informarmi che tale Rocco Cassandri, direttore di un'importante industria farmaceutica, avrebbe desiderato parlarmi in merito a un pacco di lettere, scritte da mia madre, di cui era venuto in possesso per caso.

Devo ammettere che al momento restai un po' incredulo, poi pensai che invece potesse essere un segno del destino. Chiamai il dottor Cassandri il quale, con voce signorile, mi spiegò: "Caro signor Verdone, sono il direttore di un'industria farmaceutica di Milano, ma vivo a Roma. Io e l'amico Agostino Macrì abbiamo l'hobby di andare a Porta Portese per acquistare balle di carta derivanti da svuotamenti di cantine e abbiamo avuto la fortuna di arricchire il nostro archivio con scritti di Mussolini, della Petacci, Marinetti, Vittorio Emanuele III. Poco tempo fa siamo entrati in possesso di un pacco di carta contenente lettere, ne abbiamo aperte due e subito ci siamo resi conto che trattavano argomenti molto privati. Per questo ci sembra doveroso riconsegnarvi una memoria che appartiene alla vostra famiglia."

Qualche giorno dopo andai da Cassandri per ritirare il pacco. Non finii mai di ringraziarlo.

Era domenica, stavo da solo in casa e con trepidazione iniziai ad aprire le lettere di mia madre. La lettura di quell'epistolario, che partiva dal fidanzamento per arrivare quasi al matrimonio, fu un'emozione fortissima. Come fu commovente vedere la sua scrittura, conoscere il suo modo di ragionare, il suo grande senso di amicizia nei confronti delle amiche, i suoi sentimenti per mio padre. Sembravano lettere scritte da Maupassant. In alcune di quelle indirizzate a mio padre si giustificava scrivendo: "Amore mio, purtroppo non ho il dono del saper scrivere bene come te...". Ad essere sinceri, lei scriveva meglio. Ci fu una cosa che mi colpì in maniera particolare, ovvero la felicità di quando mamma comunicò a papà il consenso dei suoi genitori al loro matrimonio e dell'entusiasmo che provava all'idea di poter finalmente formare una famiglia. Quel benestare fu un traguardo importante perché lui – pur essendo un brav'uomo, un appassionato studioso, un valente giornalista, uno stimato intellettuale – proveniva comunque da una famiglia dalle condizioni economiche piuttosto precarie.

Da quelle righe uscì netto il ritratto di una donna emotiva, piena di amore, di delicatezza, di sensibilità. Molto intelligente e molto innamorata. Una volta terminate quelle quarantadue lettere, non potei trattenere le lacrime. Ma erano lacrime di gioia perché avevo trascorso una meravigliosa domenica in compagnia di mia madre.

Un pomeriggio d'agosto di due anni fa, tornai a Roma per sbrigare alcune faccende e approfittai dell'occasione per andare ad annaffiare le piante sul terrazzo di casa mia, uno dei più alti di Roma. Aprii il rubinetto della pompa e iniziai a dare acqua alle pian-

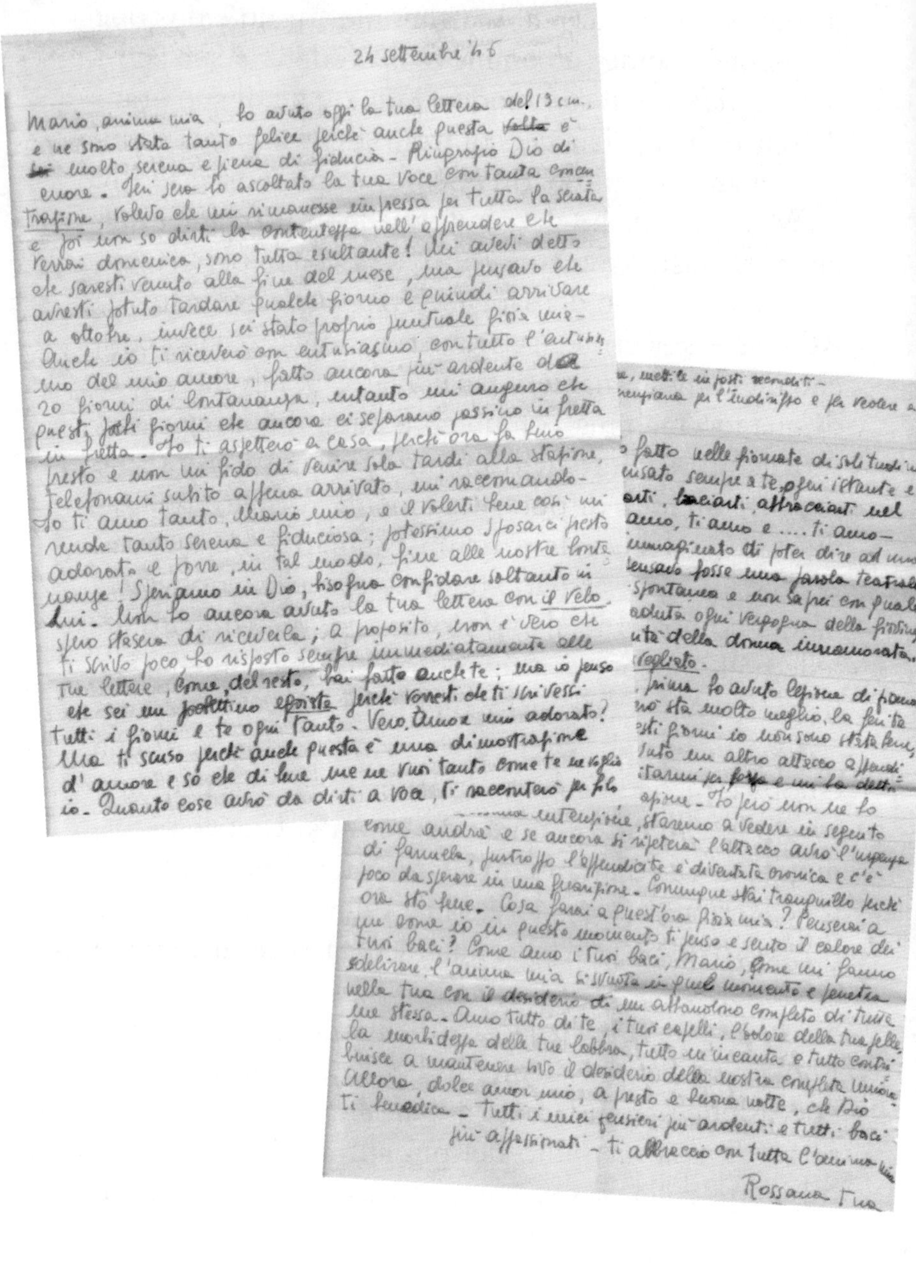
24 settembre '46

Mario, anima mia, ho avuto oggi la tua lettera del 13 cm.
e ne sono stata tanto felice perché anche questa ~~volta~~ è
molto serena e piena di fiducia. Ringrazio Dio di
cuore. Ieri sera ho ascoltato la tua voce con tanta emozione,
trepidazione, volevo che mi rimanesse impressa per tutta la serata
e poi non so dirti la contentezza nell'apprendere che
verrai domenica, sono tutta esultante! Mi avevi detto
che saresti venuto alla fine del mese, ma pensavo che
avresti potuto tardare qualche giorno e quindi arrivare
a ottobre, invece sei stato proprio puntuale gioia mia.
Anche io ti riceverò con entusiasmo, con tutto l'entusiasmo
del mio amore, fatto ancora più ardente da
20 giorni di lontananza, intanto mi auguro che
questi pochi giorni che ancora ci separano passino in fretta
in fretta. Io ti aspetterò a casa, perché ora fa buio
presto e non mi fido di venire sola tardi alla stazione,
telefonami subito appena arrivato, mi raccomando.
Io ti amo tanto, Mario mio, e il volerti bene così mi
rende tanto serena e fiduciosa; potessimo sposarci presto
adorato e porre, in tal modo, fine alle nostre lontananze! Speriamo in Dio, bisogna confidare soltanto in
Lui. Non ho ancora avuto la tua lettera con il velo.
Spero stasera di riceverla; a proposito, non è vero che
ti scrivo poco, ho risposto sempre immediatamente alle
tue lettere, come, del resto, hai fatto anche te; ma io penso
che sei un pochettino egoista perché vorresti che ti scrivessi
tutti i giorni e te ogni tanto. Vero, amore mio adorato?
Ma ti scuso perché anche questa è una dimostrazione
d'amore e so che di bene me ne vuoi tanto come te ne voglio
io. Quante cose avrò da dirti a voce, ti racconterò per filo

…, malgrado in posti reconditi –
…nerezza per l'indirizzo e per vedere a
…
…o fatto nelle giornate di solitudine
…nsato sempre a te, ogni istante e
…arti, baciarti, abbracciarti nel
…amo, ti amo e …. ti amo –
…immaginato di poter dire ad una
…ensavo fosse una parola teatrale
…spontanea e non sapei con quale
…aduta ogni vergogna della finzione
…ità della donna innamorata.
…segreto.
…, prima ho avuto l'episodio di giorno
…mò sta molto meglio, la ferita
…esti giorni io non sono stata bene,
…vuto un altro attacco appendicite,
…itarmi per forza e mi ha detto
…azione. Io però non ne ho
…tenzione, staremo a vedere in seguito
come andrà e se ancora si ripeterà l'attacco avrò l'impegno
di farmela, purtroppo l'appendicite è diventata cronica e c'è
poco da sperare in una guarigione. Comunque stai tranquillo perché
ora sto bene. Cosa farai a quest'ora gioia mia? Penserai a
me come io in questo momento ti penso e sento il calore dei
tuoi baci? Come amo i tuoi baci, Mario, come mi fanno
delirare, l'anima mia si svuota in quel momento e penetra
nella tua con il desiderio di un abbandono completo di tutta
me stessa. Amo tutto di te, i tuoi capelli, l'odore della tua pelle,
la morbidezza delle tue labbra, tutto mi incanta e tutto contribuisce a mantenere vivo il desiderio della nostra completa unione.
Allora, dolce amor mio, a presto e buona notte, che Dio
ti benedica. Tutti i miei pensieri più ardenti e tutti baci
più appassionati – ti abbraccio con tutta l'anima mia

Rossana tua

te. Era poco dopo ferragosto e non si sentiva un rumore. C'era soltanto una bava di vento tesa e bollente che mi accarezzava. Mentre annaffiavo, il mio sguardo si posò sul quel rettangolo rosso e bianco, in lontananza, che era la mia vecchia casa.

"Ma tu guarda un po'" pensai. "Quando mi affacciavo dal vecchio terrazzo, la prima cosa che vedevo era il colle del Gianicolo, dove abito ora. Adesso, invece, la prima cosa che vedo da qui è la mia vecchia, casa..."

Improvvisamente sentii un qualcosa nell'aria, come una voce, una cantilena.

"Che cos'è?"

Fermai il getto d'acqua, cercando di fare silenzio totale. Sentivo ancora qualcosa, più distintamente, ma non ero certo di nulla, tranne che fosse una voce. Mi appoggiai alla ringhiera, concentrandomi su quel suono.

"Ma che cos'è...?"

Dopo qualche minuto, nel silenzio irreale della città, capii. Era la preghiera serale del Muezzin. Proveniva dalla lontana Moschea, vicino alla Salaria, e arrivava a me portata da quel lieve vento torrido.

Che strano, quando abitavo di fronte, la mattina presto e il pomeriggio ero circondato dal suono delle campane di San Salvatore in Onda, di San Carlo ai

Una lettera di mamma a papà. Sentimenti ed emozioni intensi e profondi (1946).

Catinari, di San Paolo alla Regola, di Sant'Andrea della Valle…

Provai una strana sensazione di anni trascorsi troppo velocemente. Pensai che prima abitavo in quella casa sopra i portici laggiù e adesso, come una lancetta di un orologio che avanza inesorabilmente, stavo dall'altro lato. Ora la vedevo dal di fuori, lontana, per certi versi estranea. E mi domandai a chi il Vaticano l'avesse data in affitto. Fu come vedere tutto capovolto e poco dopo avvertii il rapido trascorrere delle stagioni e degli anni. Ormai stavo vivendo una terza vita.

Il vento di quell'afoso pomeriggio, con la preghiera lontana del Muezzin, aveva voltato, con una forte folata, quasi tutte le pagine del mio bel libro di ricordi, di suoni, di voci, di volti. Compreso il mio. Giovane, con i capelli leggermente lunghi, ignaro del futuro che lo attendeva.

Un giovane dai capelli un po' lunghi, ignaro
del futuro che lo attendeva (1973).

La rossa casa sopra i portici, vista dal terrazzo di casa mia.

Questo libro è stampato su carta certificata FSC,
che unisce fibre riciclate post-consumo a fibre vergini
provenienti da buona gestione forestale e da fonti controllate.

Finito di stampare nell'ottobre 2012 presso
La Tipografica Varese S.p.A.
Printed in Italy

RCS Libri

ISBN 978-88-452-7246-2